manfred enzensperger
tage, mäuse, himmelfahrt
gedichte, notate, prosaminiaturen

manfred enzensperger
tage, mäuse, himmelfahrt
gedichte, notate, prosaminiaturen

VERLAG
RALF LIEBE

Verlag Ralf Liebe, Weilerswist 2021

Herstellung: Rheinische Druck, Weilerswist

Verlag Ralf Liebe
Kölner Straße 58
53919 Weilerswist
www.verlag-ralf-liebe.de
info@verlag-ralf-liebe.de
Telefon: 02254/3347
Telefax: 02254/1602

ISBN 978-3-948682-09-5

Euro: 20,-

Spätdienstprotokolle (1)

12. Juli 2017 Das Land dankt für treue Dienste.

14. Juli 2017 Tag der Anerkennung treuer Dienste. Danke sagen für die Worte.
Etwas sagen. Etwas zu sagen haben. Ehemaliger sein, Postberufler, Ruheständler, Rentner-I-Dötzchen, Auferstehungspensionist, Novize im Postberuflichen.

15. Juli 2017 Die Umstellung der Zeit. Das Gras wächst. Du vergißt den Unterschied zwischen Pflicht-, Anrechnungs-, Vertretungs- und Bereitschaftsstunden. Das Gras wächst. Das Nichts, die Uhr, nach der du zu spät kommst. Es gibt kein anderes Zuspätkommen.
Und endlich hast du Zeit. Es ist nicht mehr so, als habe die Zeit ein Leck, als verlierten wir Zeit unterwegs, als steige der Zeitverbrauch unmerklich aber kontinuierlich. Und dennoch, mit dem Blick nach vorne haben wir immer weniger Zeit. Nachfüllen geht nicht. Es gibt weder Monatskanister Zeit noch eine Herstellerkulanz bei vorzeitigem Zeitausfall. Was bleibt.
Der nächste Frühling-Sommer-Herbst-und-Winter, Schritte ums Haus und Joseph Brodskys tröstende Worte: „Die Poesie schon längst verwaist, verweist darauf, dass jeder Tag dem andern gleicht."

19. Juli 2017 Leben zwischen Freitreppen, leeren Baugrundstücken und täglicher Presselektüre. Was machst du, wenn der Rasen gemäht, die Fenster gestrichen und der Keller aufgeräumt ist? Nullen. Nichts müssen müssen.

20. Juli 2017 Kleines Kompendium zur unterrichtsfreien Zeit. Einen Termin täglich. Ein einzelnes Ereignis als Tagesgeschehen, getrennt von gewohnten Abläufen, reisen nur noch Korrespondenzen, die über den eigenen

Zustand Auskunft geben. Kaum Korrespondenz. Schreiben, lesen, arbeiten als Selbstzweck.
Nicht arbeiten, nur befinden. Sich der Geografie nicht erinnern. Nicht nach dem Weg fragen. Auf keine Bestimmungsbücher zurückgreifen.
Sich Menschen nicht sicher sein.
An Ecken zögern. Im Kopfsteinpflaster lesen.
In fremden Gesichtern nach eigener Geschichte suchen.
Sich der Steine erinnern. Steinen nachschauen.
Tage durchleben. Durch Tage hindurch.
Und der neue Tag juckt wie April in den Fingerspitzen.

27. Juli 2017 Lebensplanung ist das Ersetzen des Zufalls durch Irrtum (W. Allen).
Stimme bedingt zu. Was bleibt? Ordnung schaffen im Hier und Jetzt. Ordne den Fahrradschuppen, das Gartenhaus, die Wörter im Gedicht, über- und unterirdische Keller.
Ordne, aber vergiß nicht zu leben, wie wenn du stirbst wünschen wirst gelebt zu haben.
Hunde helfen.
Samstagnachmittag. Tierheim Leverkusen. Begleitservicezeit. Die Ersatzväterkarawane verläßt die Hundewiese.
Tierpflegerinnenfreundlichkeit.
Das Tierheimhundeunfallverhütungsblatt für Hundeausführer.
Der Tierheimleiter mit Krankenhausbesuchsgesicht.
Grundsätzlich unberechenbar, nicht zu erziehen und nur in Gegenwart des Personals zu duschen. Keinesfalls ins Halsband greifen.
Auf mich wartet die zwölfjährige Keine-Angst-Bordeaux-Dogge. Sprechen sie mit ihr.

5. August 2017 Der fröhliche Tag hat hübsche Schuhe. Café Riese hat sie ausgespuckt. Du sitzt zwischen Binnenreim und Zeilensprung, dort wo Cos und Peek sich gratulieren bist du die Summe deiner Entwürfe in der Satzvollzugsanstalt. Ein unvermindert anhaltender Bordsteinmusikant schickt seine Vertreter. Rote Lichter rollen in den Tag. Der Bienenstich verspätet sich und du spürst, hier ploppt die Cola hier ist noch Limo im Glas.

14. August 2017 Der Juwelier erinnert: in wenigen Tagen haben Sie Geburtstag. Wir möchten Ihnen an diesem Ehrentag gratulieren und Ihnen alles erdenklich Gute wünschen. Eventuell möchten Sie sich zu diesem besonderen Anlass einmal selbst verwöhnen oder sich von Ihren Lieben verwöhnen lassen. In diesem Zusammenhang möchten wir Ihnen auf viele schöne Schmuckstücke und Zeitmesser ein besonderes Entgegenkommen offerieren. Wir freuen uns auf Ihren Besuch bei einem Glas Champagner. Schöner Zusammenhang, herzlichen Dank!

15. August 2017 Ich Kalendermensch, Ender, Endi, Anti-Ager, weiß mittlerweile wie die Dinge laufen, könnte also ruhig in der Mitte sitzen, doch „was die Sterne angeht, die sind niemals alle, denn hinter jedem Stern steht noch ein Stern" (J.Brodsky). „Allem Anfang wohnt ein Zauber inne" (H.Hesse) – auch dem Anfang vom Ende?
Den Ruhestandsverben lassen, weglassen, loslassen, widerspricht dein „das kann es nicht gewesen sein", und schon sitzt du in der Wunschgrundschule am Selbstoptimierungstisch: was immer du beginnst, sofort wird es Ich.
Ich, ich, ich, aus Selbstliebe, Narzissmus, Eigennutz, aus der Einsicht, dass es keinen Sinn macht, darauf zu warten, dass das richtige Leben zu einem späteren Zeitpunkt beginnt. Kann es sein, dass wir nur einen Bruchteil unseres Lebens zu wirklichem Erleben nutzen? Dass unsere Biographie zum überwiegenden Teil aus Totzeit, aus nicht erfahrenem Leben besteht?

Wer erinnert sich der Unmenge lebloser Augenblicke, der Masse nicht verbrachten Lebens?

16. August 2017 Gesundheitscheckup beim Allgemeinmediziner. Im Wartezimmer stoße ich auf Tagebucheintragungen aus Stefanie Sargnagels „Statusmeldungen". Der Arzt begrüßt mit „ich kann nicht sagen, dass Ihre Blutwerte in Ordnung sind."

25. August.2017 Krankheitsszenarien. Magen- und Darmbeschwerden.
Die Spiegelungen zeigen nichts. Lebensmittelunverträglichkeiten? Materialerschlaffung? Die Symptome, sagt der Arzt, kommen vom Großen und Ganzen. Ihre Angst ist unbegründet.
Nehmen wir mal an, es ist nicht das Große und Ganze sondern ein Karzinom mit Aussicht auf zwölf weitere Monate Lebenszeit. Würdest du mit dem richtigen Leben beginnen? Würdest du nach London ziehen, nach Neuseeland fliegen, dich in die Fünf-Sterne-Hotelbar setzten und einen Tequilla Sunrise bestellen? Würdest du alte Feinde anrufen, den Friseur wechseln, dich auf dem Markt von Islamabad treiben lassen, dein Bankkonto räumen und dir einen Carrera 4 GTS zulegen?
Du wirst jedenfalls manchmal diese Welt geliebt haben, die blödsinnige Helligkeit der Morgensonne, die Wärme der Umarmungen, die das Blut zum Pochen bringt, den Anflug von Glück im Schutz eines Liegestuhls unter blauem Himmel, das Begehren das nicht verlöscht, obwohl die Schatten länger werden.

27. August 2017 Seniorentag: Seniorengymnastik, Seniorentennis, Seniorenteller, Seniorenfahrkarte, Seniorenfrühstücksbuffet, Seniorenbusreise, Senioreneintrittspreis, Seniorenkreuzfahrt, Seniorentüv, Seniorencoaching, Seniorenfahrrad.

30. August 2017 Rück-, Nah- und Ausblicke gehen ein anderes Verhältnis ein. Wären wir glücklicher, wenn wir etwas hätten, was wir nicht haben, oder wenn uns etwas gesagt worden wäre, was uns nicht gesagt wurde, oder wenn wir etwas sagten, was wir nicht gesagt haben, oder wenn wir etwas täten, was wir nicht getan haben, oder wenn wir etwas nicht hätten, was wir haben?

5. September 2017 Dankbar sein. Dankbar sein sollen. Ich sollte dankbar sein für diesen Tag, den ich hörend, schmeckend, tastend, sehend erlebe. Erst jetzt erwachen die Ohren meiner Ohren, die Augen meiner Augen. Ich bin observer und observed, jemand der sich selbst zuhört, seitdem ich in Rente bin.
In Rente gehen. In Rente sein. Er ist in Rente gegangen. Er hätte in Rente gehen können.
Wäre er früher in Rente gegangen, hätte er sich noch besser um die Steigerung seines Wohlbefindens kümmern können. Um Früherkennung, Prävention von Gesundheitsrisiken, die Vorbeugung möglicher Pflegebedürftigkeit, rückenschonende Maßnahmen und den Erhalt der Selbstständigkeit in den eigenen vier Wänden.

7. September 2017 KStA Frühstückslektüre. Pflege-TÜV soll reformiert werden. Die Qualifikation des Pflegepersonals wird auf einer Zufriedenheitsskala, die Grenz- und Schwellenwerte aufweist mit grünem oder rotem Daumen benotet. Diese gut gemeinte Hilfe bei der Heimsuche erinnert eher an Heimsuchung.
Der Apothekenumschau liegt ein Bestell-Coupon bei: Ich möchte mehr über das Rentnervorbereitungsseminar erfahren und bestelle kostenlos die Erbschafts-, Vorsorge- und Nachlassbroschüre und den Testamentswegweiser für nichteheliche Lebenspartner.

10. September 2017 Genauer betrachtet ist das Leben nichts anderes als eine Reise in den Ruhestand. Du befindest dich immer schon auf dieser Reise. Die wiederkehrende Frage auf deiner Ruhestandsreise lautet: Bist du von Menschen und Dingen umgeben, die dein Leben lebenswert machen? Flankiert von der Frage „Was kannst du für dich und den Zustand der Welt tun, indem du die Einstellung deines Herzens, Verstandes und Geistes änderst?"

15. September 2017 Nachruf auf einen Held des alten Westens: Sam Shepard, Schauspieler, Dramatiker und Drehbuchautor stirbt 73-jährig an der Nervenkrankheit ALS.
Sein Tod bewegt auf andere Weise als der fast zeitgleiche Tod Jeanne Moreaus, Femme totale, Ikone des europäischen Autorenkinos, Muse von Truffaut und Malle.
Es sind Shepards Themen der Desillusionierung des amerikanischen Traums, gescheiterter Vergangenheitsbewältigung und Liebe, wie in den Dramen Buried Child, Fool for Love und dem Gedichtzyklus Savage Love, die berühren. Seine leise Melancholie, begleitet von einer in sich ruhenden Maskulinität, die aus einer glorreichen Vergangenheit zu kommen scheint, die es vermutlich nie gegeben hat.

24. Oktober 2017 Zeit haben. Mehr Zeit haben. Noch mehr Zeit haben. Sich in einem Zeitwohlstand befinden. Im Gegensatz zum Einkommens- und Güterwohlstand erfahren, dass die durch den Wegfall der Arbeit gewonnene Zeit erst dann zu einem Zeitwohlstand wird, wenn die gewonnene Zeit wohl verbracht wird.
Hier empfiehlt sich die Konsultation eines Zeitwohlstandsberaters, der insbesondere den an äußeren Zielen orientierten Menschen, die ihren persönlichen Bedürf-

nissen kaum Raum geben oder sie erst gar nicht kennen, hilft, innezuhalten, ihrem Leben einen persönlichen Sinn zu geben und ihren intrinsischen Motivationen zu folgen. Wie nun verbringe ich die gewonnene Zeit? Einkaufen, kochen, putzen, schreiben, musizieren? Musizieren, einkaufen, kochen, putzen lassen?
Ge-lassen-heit gehört unabdingbar zur Einübung der neuen Zeitwohlstandskultur. Warten können, bis es soweit ist, jemand gehen lassen, sich führen lassen, wohin nicht der eigene Wille zieht, die Götter gewähren lassen.

27. Oktober 2017 Oder vielleicht doch noch irgendwie berühmt werden. Eine Duftmarke setzen. Und schon sitzt du auf himmlischen Wunscherfüllungsbäumen und lauschst den Mangeleinflößungen deines Geistes : Tu dies, sei das. Besitze dies, besitze das....
Die Osho Times behauptet, der Geist sei eine Maschine, die unglücklich macht und empfiehlt auf intellektuell bestechende Weise: Sei einfach glücklich ohne jeglichen Grund, denn du wirst immer etwas finden, dass dir fehlt, woran es mangelt. Also sei du selbst, hab` Spaß am Spaß und du spürst, hier bin ich ich.

Lebenskunst ist die Antwort auf Shakespeares „slings and arrows of outrageous fortune". Sie beinhaltet auch die Kunst des Älterwerdens. Die Optimierung des Alterns. The Art of Aging statt Anti-Aging. Schließlich möchtest du, wie jeder Siebzigjährige, nicht als der Siebzigjährige geschildert werden, als der, mit wenig bösem Willen, jeder Siebzigjährige geschildert werden kann.
Also stellst du deine Lebensgewohnheiten auf den Prüfstand: gehe ich richtig, esse, trinke, schlafe ich richtig?

10. November 2017 Naturata, Bio-Vollwertrestaurant. Ich lese in der Apothekenumschau.
Eine wesentliche Bedingung für ein gesundes, langes Leben ist das ATMEN. Hier einige Atemtipps für den Alltag:
Powerpause: Gähnen und Seufzen sind ganz natürliche Formen der Tiefenatmung. Dehnen und räkeln Sie sich dabei ganz genussvoll, damit frische Energie ihre Lungen füllen kann.
Und vergessen Sie nicht, herzhaft zu lachen, das lockert wunderbar das Zwerchfell.
Einen kühlen Kopf bewahren: Bevor hitzige Gefühle mit ihnen durchgehen, setzten Sie sich entspannt hin, strecken die Zunge etwas heraus und rollen sie zu einer Röhre. Atmen Sie durch die Zungeröhre ein, halten den Atem einen Moment und atmen durch die Nase aus. 3-5 Mal wiederholen.
Für Ausgleich sorgen: Aufrecht hinsetzen, das rechte Nasenloch schließen und links einatmen. Dann links schließen und durch das rechte Nasenloch etwas doppelt so lange ausatmen. Dann rechts einatmen und nur links ausatmen. 10 Mal wiederholen.
Atemspaziergang in der Natur: Gehen Sie aufrecht, bleiben Sie gedanklich beim Atem und schenken Sie sich selbst ein Lächeln. Öffnen Sie sich mit allen Sinnen der Natur. Bleiben Sie nach einer Weile aufgerichtet mit leicht gebeugten Knien stehen und stellen Sie sich vor, wie kleine Wurzeln aus den Fußsohlen in die Erde wachsen. Stellen Sie sich dabei einen Baum im Wind vor.

10. Dezember 2017 Weiter Ordnung schaffen. Innerlich und äußerlich. Sich von Ballast befreien. Ich entscheide mich gegen die Container-Radikal-Variante. Shakespeares Macbeth kommt mir in die Finger, life is but a walking shadow, a poor player that struts and frets his hours upon the stage.

Im Postfach liegt die Werbung des Freien Werkstatt Theaters für das Altentheaterensemble.

18. Dezember 2017 Theaterabend. King Lear, Shakespeares Psychogramm eines alten Königs. Die Tragik King Lears. Seine infantile Forderung eines Liebesbeweises, „Tell me how much you love me", die er an seine drei Töchter richtet. Goneril und Reagan ergehen sich in Werbesprüchen "I love you as much as my breath" (breath = nothing, hot air), die den alten Mann rühren, während Cordelias ehrliches "Nothing" ihn erzürnt. (Nothing will come of nothing). So sieht der König etwas in nichts und nichts in etwas.
Seine Tragik ist die eines narzisstischen, alternden Mannes, der die Aufteilung seines Besitzes an die Liebesbekundungen seiner Töchter bindet, „You will get more, if you tell me how much you love me", und dabei übersieht, dass Liebe unbestechlich ist und sich der Messung durch quantitative Standards entzieht.

19. Dezember 2017 Shakespeare klingt nach und weckt Erinnerungen an eine der Sternstunden des Literaturunterrichts. Oliviers Mythodrama Seminare im Lk Englisch, in denen aus Shakespeares tragischen Helden Rückschlüsse für eine optimierte Lebensführung gezogen werden. Selbstoptimierung durch Macbeth, Othello, Julius Caesar, King Lear. Macbeth z.B. glaubt an die Machbarkeit des Schicksals. Seine Selbstzweifel, sein überbordender Ehrgeiz, seine Unfähigkeit die ambitionierten Ziele auf ihre Realisierbarkeit hin zu überprüfen, sein desaströser Kommunikationsstil und seine Unfähigkeit Verantwortung zu delegieren werden ihm zum Verhängnis. Er entpuppt sich als rücksichtsloser Kontrollfreak. Für ihn ist sicher nicht sicher genug. Er mordet und mordet weiter, sozusagen prophylaktisch. Es sterben Menschen, die ihm gefährlich werden könnten.

10. Januar 2018 Die Tragik in der Amtsführung des amerikanischen Präsidenten zeigt sich auf andere Weise. Sein entzauberndes an Macrons 25 Jahre ältere Ehefrau gerichtetes You`re-really-in-good-shape-Kompliment. Jederzeit wieder verwendbar zur Kommentierung gesellschaftlicher Auslaufmodelle wie z.B. Rentner, Alkoholiker, Bankrotteure, oder Tumorpatienten.

11. Januar 2018 DLF Presseschau. Die FAZ fragt, wenn der President nicht davon wußte, warum wußte er davon?

12. Januar 2018 The latest Trump Fake News: 2017 äußert der Präsident 2554 Unwahrheiten, 2018 5678 und 2019 7966 Unwahrheiten. Wer zählt? Was wird gezählt? Wie zählt der Zähler?

13. Januar 2018 Tschibo. Rathausgalerie. Fünfundsechzig-Plus-Themen: das Klima, Europa, Korea, die Türken, die Polen, die Luft, die Politik, der Bauch, der Rücken, die Knochen, das Herz.
King Lear again. Der kindische Alte. Aus den Windeln in die Windeln. Ankunft und Abschied.
Das Kommen bejubelt, das Gehen beweint. Patientenverfügungen zwischen Babyfläschchen und Latte Macchiato. Heute bemerkenswerte Ruheständlerkonstellation: Herzler trifft Blumler. Sie entdecken ihr Sein. Diskursler begibt sich auf Pilgerschaft. Umsonstler findet sein inneres Kind. Vielleichtler widerspricht Jetzt-aber-erst-Rechtler. Stehaufler bespricht die letzten Dinge.

15. Januar 2018 Kurt wird 65. Nicht die Stunden im Leben zählen, sondern das Leben in den Stunden. Säen oder mähen oder beides oder beides nicht. Du könntest mit der stumpfen Sense durchs Gras fahren, den großen Reichtum

nur wie im Fluge berühren. Jeder Halm, der sich nicht beugen will, berichtet von Versäumtem und Bevorstehendem. Im Tal stehen unschlüssig die Kühe mit schwerem Euter auf der Wiese und ein Vogel schreit auf, als gäbe es eine frohe Botschaft.
Es sind nicht nur fünf Jahre, die sechzig von fünfundsechzig trennen, es ist vielmehr die zunehmende Tendenz zur guten Gestalt, das Bemühen die Dinge rund zu bekommen, etwas abzuschließen, zu hinterlassen, was nicht bedeutet, dass Leben und Schreiben an ihrem Endpunkt angekommen sind.

17. Januar 2018 In der Morgenpost die VG Wort Hauptausschüttung 2017.
Sehr geehrter Ausschüttungsempfänger. Ich fühle mich eher als Ausgeschütteter (wohin?) denn als Empfänger. Schon beunruhigend, wie die Sprache durch das Außer-Dienst-Sein eine semantische Aufladung erfährt. Sollte ich etwa dankbar sein für diesen Zugewinn, den sprachlichen Mehrwert eines neuen Lebensabschnitts?

19. Januar 2018 Donnerstagmorgen. Das tägliche Gymnastikritual unter grauem Himmel.
Der Blick aus dem Fenster bis er sich am Horizont verliert. Die Hauptbeschäftigung besteht darin, die Tage voranzutreiben.

10. Februar 2018 Café Fassbender. Ein Mann ist seine neuesten Sneaker. Eine Frau ist mehr als ihre Bluse. Der Kellner trägt das Tablett wie eine unsichtbare Krone.

10. März 2018 Café Reichard mit freiem Blick auf den Dom. Auf der Domplatte die Vorüberziehenden. Ein anderes und ein anderes und ein anderes anderes.

Auf den Ringen Stoßverkehr. Autos und Ampeln. Das Rauschen der Brandung. Waben aus Stein. Menschen reden sich ein, hier liegt das Glück.

12. April 2018 Ein leerer Himmel hängt über Lützenkirchen. Die Tage kommen, um zu gehen.

was es ist (1)

abendspaziergang

den ganzen sonntag regen in den bäumen
vorgärten wie leere orchester
in den hinterhöfen der klang von regen auf fensterscheiben

auf deiner seite der dinge fallen blätter wie noten vom piano
bäume sind erstarrte tänzer die schaukeln wippen
und rutschen im park verlassene requisiten

statisten die sich zu früh zur probe eingefunden haben
über allem die stunt shows der tauben spatzen und möwen
hier bist du zeuge und spielleiter deiner aufführungen

richtest den blick voraus und zurück
um dich kurz zu erkennen gegen den tag

bei regen

im café reichard unterkommen
vor schmollendem schoncafé sitzt du
an diesem sonntagnachmittag
der nicht mehr so ist wie er nie war
in deinem aufs großartigste vergessenen
schneckenhaus.
die waldbeertorte kommt so schnell
wie die schönste der schönen mit domblick
in den rücken serviert das baiser bedrängt
den dom ihr eigenes maß die rechnung
fragt ob sie es denn sei.

die stadt ist ein herz in meinem kopf

noch einmal schlagen wir sie auf die großen städte
sie sprechen von burgen die man erobert

sperrbezirke die man durchquert
je-länger-je-lieber-bars blitzblonde frauen

vögel die uns führen wollen ihre worte
als ständen sie in falten der kleine see im blauen park

die tauben wollen heute mein brot nicht fressen.

portrait einer straße

wie über die hohe straße schreiben
wie über die ereignislosigkeit der ereignisse

wie wird aus einer schildergasse ein gedicht
voll toter zeit taucht sie alles ins alles auf einmal

im versmaß des nordsee marcopolo herzschlags
der schritte hebungen und senken

ist sie keineswegs eine so erbärmliche schriftstellerin
im rhythmus der tutto bene / haben sie schon gewählt

auftritte rituellen tischsäuberungshandlungen
und allabendlichen einsätzen der straßenkehrmaschinen

gibt sie dem zufälligen eine schöne gestalt
die alle spuren auf null stellt wie ein weißes blatt papier.

die stadt ist mein haus
ich wohne im nebengebäude
von dort erreiche ich vor und hinterzimmer
sonntags macht sich meine stadt aufs willkommenste
                                             bemerkbar
sie ist nicht unerheblich angenehm mit ihren irrsinnigen
                                   kästen und zierfassaden.
   andererseits lützenkirchen.
   baumblüten ums häusertal. forsythien ziehen zu den villen
                                                 hinauf
villen denen du nachgehst bis zum rand des krähenwaldes
dort wo die häuser sich verzetteln in den hängen
zieht die sonne noch einmal von baum zu baum
wie zur versöhnung

andererseits die schauseiten des kaiserwilhelmrings
die scheinbar zufriedene biedermeierlichkeit der
                                               apostelnstraße
hingelagerte baulichkeiten und ihresgleichen buchstäblich
wiederkehrend der tourist der sich seine stunde läuten lässt
zwischen merzenich und merzenich der rathausturm
selbstverständlich kommentierend der roncalliplatz
hinter der museumsmeile die entgegengesetzt verlaufende
frauenstraße das sentenzprogramm der politessen
ich gerate in die budengasse
wäscheleinen die von fenster zu fenster eilen
ein passant probiert von meinen sätzen
der dom hält alles zusammen

die hügel von lützenkirchen

der späte frühling hängt den begonienbalkon
ein kranich quert in einem satz den park
wo keine hunde bellen

was blüht da weit verzweigt in langen rispen
was wächst da blauwärts
und zieht im westwind übers feld

es ist der lichtkornroggen
es ist der raps der strahlt
es ist der frosch im roggen

der da atmet glotzt und nicht mehr hüpft

standbild

fünf pferde stehen auf einer biesenbacher wiese.
wie auf ein zeichen löst sich ihre formation
in einem kreisenden tanz.

im takt der mähnen hufe schweife kommt die choreografie
zu ihrem halt. hält sich und steht.
ich stehe mich zurückzuholen.

kölnwetter

sommer. zeit für heu
vergleichsweise erledigung
mittelhoher wolken
der stadtwald schweigt
der see liegt still
ringsum stehn die häuser da
wenn es dunkel wird
unterhalten sich die bäume
du nimmst die nordsüdfahrt
eine ameise kreuzt
hoch über den dächern der stadt
das portrait zweier liebender
die nicht zueinander finden

kastanienallee

ein leerer kinderwagen auf der kastanienallee
übersät der weg mit halb entschlüpften kastanien
der glanz der kastanien in den händen der mutter
die glänzenden augen des kindes im moment der kastanienübergabe
der wiederkehrende glanz in den augen der mutter.

die flora schläft. es schlafen die arkaden
die köpfe schwer wie flieder
das land flach wie eine aufgehaltene hand
umgeben vom schein glühender blüten
ziehen die wiesen als fiele ihnen zu dieser landschaft
nichts ein
felder färben den raum wiesen und weiden
folgen der regie ungeschriebener gedichte
der mai spielt den mai
der asphalt verspricht mitfahrgelegenheiten
straßen kommen im anzug des alphabets
unsere herzen sind schwierigkeitskleider
an eine tanne gelehnt
der horizont eine fussnote mittelhoher wolken

Spätdienstprotokolle (2)

24. April 2018 Morgen ist der vierundzwanzigste und du fragst dich, ist es verwerflich, nichts auf dem Herzen zu haben und nichts auf der Zunge als das Geburtstagsspanferkel mit Röstkartoffeln und Prinzessböhnchen beim Spanier in der Schneider-Wibbel-Gasse.
Die neue Farbe heißt Espresso, der Flan heißt Caramel und kommt mit Schokolade. Geburtstagsglocken klingen mit Wolken überm Hang und klingen lange nach.

26. Mai 2018 Unerwarteter Wind, vermehrt dichte Wolken, gewittrige Schauer folgen. Im Umschlag des Wetters finden wir einen Brief an uns.
Kurt schreibt, sein rechtes Knie schmerzt trotz Ibuprofen 600, postfaktische Packung! Essig oder Kohlverbände oder ein neues Knie. Knee, the King of fucking arthrosis! Alter Mann, Knie voran. Alles singt im Chor: wo bleibt Frau Doktor Mohr?
Ich antworte: Leeven Patient, leeven Häuptling Falling Knee, was wir gewinnen, wenn wir älter werden sind nicht nur schmerzende Knochen, sondern auch Gelassenheit, patience, patientia in eternitas.

27. Juni 2018 Gelassenheit hilft, ist aber nicht alles. Die Umstellung der Zeit, von Sommer- auf Herbst- auf Winterzeit. Die Neueröffnung der Lebenszeit nach Totalumbau der Work-Life-Balance auf kleinerer Ausstellungsfläche bei deutlich gesteigerter Qualität der Musterküchen.
Als ginge es nur noch darum, mehr und besser zu leben als wir ohnehin schon leben. Wir kompensieren das Zeitdefizit durch das Streben nach existenzieller Intensität. Du strebst nach der Intensivierung der Liebe, der Wahrnehmung, der Gefühle, strebst nach gesteigerter Lust, bevorzugst Sterne-Restaurants, Eiscreme wie Magnum Intense und kaufst im Mega-Store, Kicksforladies oder La-Vie-est-Belle.

Schließlich machst du die Erfahrung, dass das, was mehr werden sollte eigentlich immer weniger wird. Dieser Logik des Intensitäts-Junkies entsagst du in einem dreiwöchigen Yoga- und Meditationskurs im Osho Institute.

5. Juli 2018 Café Riese. Schildergasse. Einkaufsstraße, Shopping Meile und Flanierboulevard mit dem hinter der Frankfurter Zeil zweithöchsten Passantenaufkommen Deutschlands. Passanten, wie Zufälle des Himmels an dem unvollkommene Wolken schweben, Gesichter wie Landschaften, vorüberziehend. Im Strom der Shopping Bags liegt ein Golden Retriever stoisch auf dem Schildergassenpflaster mit dem Kopf zwischen den Pfoten.
An meinem Tisch werde ich Zeuge, wie eine Frau die zurückgebliebenen Krümel ihres bereits verzehrten Blätterteighörnchens mit der angefeuchteten Spitze ihres Zeigefingers aufpickt und genüsslich Krümel für Krümel in den Mund führt. Eine Intensitätserfahrung der besonderen Art. Akustisch begleitet wird die fingerakrobatische Darbietung von den kölschen Tönen ihres Ehemannes, der sich und seinen Dialekt mit den an Ziegengemecker erinnernden Umlauten („dä käm doch hück hät dä gesaat „) inmitten dieses kosmopolitischen Einkaufsgetümmels auf eine Bühne stellt.

Die Stadt, die Straßen, die Cafés sind unmissverständlich. Doch nichts ist gewiss auf dieser Straße an diesem Tag. Die Häuser fremdeln mit ihrer Umgebung. Die Hunde fremdeln mit der Parkbank. Vögel landen im Gras. Unwahrscheinlichkeiten leuchten. Überspielungen setzen sich durch.

15. Juli 2018 Sommer. Reisezeit. Ein Reisefrühling könnte in mir erblühen und die klassische VIP Interviewfrage

„When was the last time that you did something for the first time" nimmt diesen Reisegedanken das konjunktivische.
Der Primaverist (Primavera ital. der Frühling) in mir glaubt, dass nichts stärker ist als das, was beginnt und alles, was fortschreitet und sich entwickelt an Intensität verliert.
Die Chancen für Primaveristen stehen mit fortschreitendem Alter schlecht. Es gibt immer weniger erste Male und immer mehr déjà-vu Erlebnisse. Ich werde zum ersten Mal sterben. Schwacher Trost.
Ich könnte mich natürlich auch zum ersten Mal zum dritten Mal verlieben, oder zum ersten Mal zum sechsten Mal meinen Urlaub in Oostende verbringen. Ich könnte mich also darauf einlassen, alles zu erleben, als wäre es das erste Mal. Immer wenn ich einschlafe, aufwache, das Café Reichard betrete, die ersten Sonnenstrahlen auf der Haut spüre, empfinde ich die Intensität der Erfahrung des ersten Mal. Ein autosuggestiver Trick?
Meta-Erfahrungen als verhaltenstherapeutisches Programm? Den Gästen der zehnten Crime Cologne wünscht das KStA Magazin ein Mordsvergnügen.

16. Juli 2018 Mit Kurt in Duhnen. Tage voller Wimpern, das Nichts die Wimper, kleine Wichte. Samstag, ein Tag wie ein Wimpernschlag: Winzlinge verstehen keinen Spaß, bekennt die Hornhaut lachenden Auges.
Die Hotelrezeption empfiehlt die St. Joseph Notfall-Ambulanz. Der diensttuende Augenarzt ist außer Dienst. Die Allgemeinmedizinerin empfiehlt die Universitätsaugenklinik Bremen.
In Bremen beträgt die Wartezeit 4-6 Stunden. Wir verlegen die Behandlung an die Hotelbar des Vier-Sterne-Hotels Seelust in Duhnen. Hier ist der Spätburgunder Weißherbst ein Riesling von der Ahr, der Rotwein Schwenker

ein Moselpokal und der Tawny Port, eisgekühlt im Weinbrandglas, eine „Kochzutat". Wir nehmen den Aufzug. Das Fremdkörpergefühl hält an.

17. Juli 2018 8.15 Uhr. Frühstücksbuffet. Der Blick auf die Watt- und Meerlandschaft vom fünften Stock des Panorama-Restaurants im Hotel Seelust versöhnt.
Nach dem Augenarztbesuch in Cuxhaven zeigt sich das Städtchen von seiner charmanten, weltoffenen Seite. Eine Teestube umwirbt ihre Kundschaft am Eingang mit zwei großlettrigen Postern:
Einige Menschen sind wie Wolken. Verziehen sie sich, wird es ein schöner Tag.
Immer wenn ein Kind vor einem Smartphone sitzt, stirbt auf einem Baum ein Abenteuer.
Wie einfach ist doch die Welt. Auch für die Apotheken Umschau. In einem Artikel zum Thema „Die Sprache der Liebe" argumentiert der Autor: Wer regelmäßig Sex hat, verfügt über große Sprachkompetenz, so britische Forscher in einer Studie, in der sie 30 Männer und 45 Frauen im Alter zwischen 50 und 85 Jahren zu ihrem Sexualleben befragten. Danach wurde ihre Sprachkompetenz ermittelt. Die Probanden sollten in 60 Sekunden möglichst viele Wörter mit den Anfangsbuchstaben F nennen. Wer wöchentlich mindestens einmal Sex hatte, schnitt dabei deutlich besser ab. Die Studie wurde im Fachblatt „The Journals of Gerontology" veröffentlicht.

24. August 2018 Sechsundsechzig. Nocheinmal diese Zahl, diese Nummer, Hausnummer, dieses Nümmerchen! Ganz egal wie gut du drauf bist, 66 klingt nicht gut und sieht auch nicht gut aus.
Die 7 gefällt da schon besser. Da hilft auch Kurts Geburtstagskarte nicht:

Keep calm, it`s just another birthday! Kläglicher Beschwichtigungsversuch. Schließlich widmet das Feuilleton der FAZ den Kulturschaffenden des Landes erst ab 60 und dann in fünfjährigen Abständen einen halbseitigen Gratulationsartikel, und die müssen`s ja wissen.
Lebenslinien: Manch einer greift nach dem Himmel, ein anderer taucht hinab in die Tiefsee. Zum 66. Mal hoch sollst du leben. Wie hoch? Höher als mit 57, 61, 64? Eins ist sicher, falls wir am Ende alle in den Himmel kommen, steigen wir mit jedem Geburtstag ein Stück hinauf, gehirnjoggingbesessene Best-Ager nicht selten eine Stufe hinab. Genug der Nummern. Wir werden neuer jeden Tag.

25. August 2018 Frühstücksfensterhimmel. Ein Morgen wie durch Rot gezogen, Kaminrot, Rosarot, selbst Blau-, Gelb- und Purpurrot serviert mit Panoramaschlagzeilen in der Samstagsausgabe des KStA. Die halbe Welt besteht aus Gutgemeintem und Missverständnissen.

26. August 2018 Nach dem Frühstück ein Blick ins Zettelantiquariat. Die sprichwörtlichen Mayröckerschen Wäschekörbe. Revue der Unvollendeten. Was nach der dritten Vorlage nichts wird, muss man auch mal ausdrücken können wie eine Zigarette.

27. August 2018 Ruhe finden. Und immer mal wieder die Frage nach Neuerscheinungen in der länger werdenden Backliste meiner Tage.

28. August 2018 Der morgendliche Gang. Claashäuschen, Biesenbach. Ein paar Sonnenstrahlen aus geizigem Himmel und der Abend wie ein streunender Hund.

29. August 2018 Wilhelm Schmid über die Liebe. Die Liebe als sinnstiftende Existenzform in einer immer komplexeren, durch Konkurrenz und Selbstoptimierung fordernden Welt.
Die Liebe zu dem Menschen, mit dem man das Leben oder einen Teil des Lebens teilt als Garant dafür, lange gesund zu bleiben und die Herausforderungen des Lebens zu durchstehen.
Ein schöner Gedanke, den Schmid in einem Referat zum Thema „Sinn und Sinnlosigkeit" konterkariert, indem er behauptet, Liebe sei wie die Begierde nicht von Dauer, ein chemischer Prozeß, eine Laune der Natur. Was wir lieben sei die Liebe. Tatsächlich sei sie lediglich Gewohnheit.
Wir richten uns ein mit einem Partner, verwechseln Liebe mit Gewöhnung an Rituale und Gepflogenheiten in alltäglichen Lebensabläufen. Den Schmerz, den wir empfinden, wenn eine „Liebe" zu Ende geht, sei lediglich der Schmerz der Entwöhnung.

30. August 2018 Tagesschau Close-up: Robert Redford und Jane Fonda Hand in Hand werden für ihr Lebenswerk geehrt. Ein Close-up, der mir nahe geht.

31. August 2018 Im Briefkasten Post von der Fashion Family. Ihr S. Oliver Fashion Points Gutschein ist da. Lösen Sie jetzt Ihren Treuebonus ein. Ihr Geburtstagsbonus erlischt in zwei Tagen. Weitere Pre-Sale-, Sale- und After-Sale Aktionen warten auf Sie. Einfach frei rubbeln, Punkte einlösen und ÜBERALL SHOPPEN.
Sind Ruheständler Hedonisten, wenn sie über einen durchaus üppigen Bestand von blauen Oberhemdem verfügen, sich mehrmals wöchentlich in einem Restaurant ernähren, Vier-Sterne-Hotels Ferienwohnungen vorziehen und, obwohl sie eine Jaeger Le Coultre und einen IWC

Chronographen besitzen, dennoch Augen für eine Lange 1 mit Handaufzug haben, während der Gedanke, zu jener Gruppe von Zeitgenossen zu zählen, die einen Mittelklassewagen am Handgelenk tragen, sie gleichzeitig abstößt.

1. September 2018 Vierhundertsechzehnte Tag in meinem Ruhestandsleben und du fragst: Was soll dieser Tag? Das Handtuch schweigt, der Bademantel schweigt, alle Ruhestandsverben schweigen, selbst Zahnbürste und Rasierschaum schweigen. Es schweigt der Tag beim Frühstück, als übte er die Stille ein. Der Zufallszeigefinger in Brodskys Ausgewählten Gedichten landet auf Seite 30: „...und beim Wort „Zukunft" schießen Mäuse scharenweise aus der Sprache Russisch und benagen ein Stück Reibgedächtnis, das wie echter Käse durch und durch gelöchert ist....Das Leben, dem man – immerhin ist`s ein Geschenk – nicht gleich ins Maul schaut, fletscht überall die Hauer und gibt Laut".
In Zang Dis` Gedicht „Elegie für Mäuse von Shanxi, die genmodifizierten Mais fressen" lesen wir: Wir essen Mais, und Mäuse tun es auch ... Wir lernen sehr früh, Mäuse in den toten Winkel unserer Weltsicht zu stellen: Schädlinge, die man ausrotten muss. Eine Welt ohne Mäuse klingt sauberer als der Himmel.
Seitdem wir immer mehr Ackerland erschließen und Oberflächen versiegeln, finden Mäuse keine Nahrung mehr und sind daher vom Aussterben bedroht. Wer ist hier also der Schädling? Zang Dis weiß die Antwort: Was die Mäuse uns stehlen, sind offenbar eigentlich nur die Steuern, die wir der Erde schulden.

2. September 2018 In der FAZ-Samstagsausgabe: Trump, Putin, Erdogan, Kim Yong Un und das FAZ-Hochglanzmagazin mit The New Fragrance La Prada Intense Schnupper-Beilage. Politik, Mode, Medien. Hundertprozent narzisstisch.

3. September 2018 Einundsechzigster Ruhestandstag. Wer oder was steht, ist gestellt, ruhig gestellt und lebt an diesem einundsechzigsten Tag in diesem Zustand des Ruhig-Gestellt-Seins?
Als Ruhiggestellter erlebe ich mich allenfalls auf dem Kölner Autobahnring und als Tatort- und Talkshow-Konsument, was durchaus betrüblich stimmt, ist doch der Mensch ein sich Bewegender in Seele, Körper und Geist. Rezeptfreies Therapeutikum: Ein Ferrari-Aston Martin-Maserati als kinetisches Antidepressivum.

4. September 2018 Bin eigentlich kein Kalendermann. Warum also Notizen vom Tage und warum erst jetzt? Zu mehr reicht es nicht, anders gesagt, weil ich Prosa ja eigentlich nicht kann. Und das hat nichts ehrenrühriges. Man käme ja auch nicht auf die Idee einen Romanautor zu fragen, warum er keine Gedichte schreibt. Bin ein Kurzstreckenläufer, ein Stadt-, Restaurant-, Café-, Bar- und Kneipenaufschreiber. Sehe mich dennoch eher als Selbstaufschreiber denn als Tages- oder gar Weltmitschreiber, zumal die Einträge sich ohnehin nicht am Datum der Tage ablesen lassen, sondern am Einfallswinkel des Erlebten.

5. September 2018 Kommt im Ruhestand der Verstand zur Ruhe?
Ist der Ruhestand der ruhiggestellte Verstand, der es uns erlaubt jenseits der Konstrukte von Ablehnung, Verlangen und Hoffnung zu uns selbst zu finden?
Werde ich mehr „ich selbst" sein in der berufsfreien Zeit? Werde ich mein essentielles Ich mehr und mehr erkennen und verstehen?

6. September 2018 In der FAZ prophezeit Sandra Kegel das Ende des Buches.

Ist die Literatur am Ende? Stirbt die Poesie?
Ist die Einsamkeit des Gedichts die Einsamkeit des Lesers bei der Lektüre?
Ist das Gedicht das, was fehlt?
Weicht die Lyrik dem Krimi, der Krimi dem TV Thriller, der TV Thriller dem Spaß-Event, das Spaß-Event dem Shoppen, Sex und Champagner Brunch?
Brauchen wir am Ende mehr Vergnügungsgedichte, und warum nervt mich der Goldkettchenmann neben mir im Café, der breitbeinig zurückgelehnt seinen rechten Arm auf die Rückenlehne des leeren Stuhles legt?
Wenn die Menschen nicht zu den Gedichten kommen, müssen die Gedichte zu den Menschen kommen. Most people ignore most poetry, because most poetry ignores most people. (Spike Milligan).

7. September 2018 Gomringers Avenidas und poetical correctness.
Das Schöne und das Wahre, Genus und Genuss. Der internationale Lyrikerverband verpflichtet sich die Verarbeitung und Nutzung geschlechtsspezifischer Daten in Kunstwerken grundsätzlich gesetzlich zu regeln.
Ein Code of Conduct zur Erstellung poetischer Texte besteht aus zwölf Verhaltensregeln, die bei der Veröffentlichung von Gedichten zu berücksichtigen sind, u.a. die Überprüfung des Kunstwerks in Bezug auf potentielle Zuschreibungen von positiven (i.e. Bewunderung) und negativen Eigenschaften Objektivierungen, Entsubjektivierungen und potentiellen Opferverdächtigungen.

8. September 2018 Der Suhrkampautor Uwe Tellkamp präsentiert sich in einer kontroversen Podiumsdiskussion mit Durs Grünbein als Anwalt der Ostdeutschen, die sobald sie die wirtschaftlich motivierten Flüchtlinge kritisieren, als „braun, rassistisch, und Nazis" bezeichnet werden. Daraufhin distanziert sich Suhrkamp von Tellkamp, sein Diskussionspartner Durs Grünbein distanziert sich von Suhrkamp und der Suhrkamp Chef Landgrebe distanziert sich von jeder Distanzierung mit der Feststellung, Vielfalt der Haltungen sei wesentlicher Bestandteil der Verlagskultur. Eine ähnliche Diskursstruktur zeigt sich in den Beiträgen einiger Spitzenpolitiker zum Thema „Armut in Deutschland". Nach Jens Spahn muss niemand in Deutschland hungern. Hartz IV bedeute nicht Armut, sondern sei die Antwort der Solidargemeinschaft auf Armut. SPD Vize Ralf Steeger widerspricht, das Problem in Deutschland sei Armut, nicht Flüchtlinge. Was ist „arm"? Wie arm muss man sein, um arm zu sein? Auf jede Festschreibung folgt unmittelbar die Distanzierung und es scheint, als sei jeder Be- und Zuschreibung eines Sachverhalts schon die Distanzierung immanent. Über eine derartige, inhaltlich trostlose, öffentliche Debattenkultur kann auch der metaphorisch gelungene Leitartikel „Dichter an der Wahrheit" (SZ, 12-3-2018) nicht hinwegtrösten.

9. September 2018 Dichter an die fehlerfreie Ausgabe der Gedichte 1998-2018 führt nur der Weg des Korrekturlesens. Korrektur die erste, zweite, dritte. Endabnahme, Endabnahme der Endabnahme, finale Endabnahme, absolut finale Endabnahme des rechtschreibfehlerfrei geglaubten Manuskripts und dann die Entdeckung eines aus der Reihe tanzenden Buchstabens: aus „vertautes kajütenglück", eine Metapher, die auf die räumliche und emotionale Enge auf den Kleinstbooten im Hafen von Veere anspielt, wird „vertrautes kajütenglück". So wird durch das sich als blinder Passagier eingeschlichene r aus dem Jean Luc Godard Streifen im Handumdrehen ein Rosamunde Pilcher Film.

Der lexikalische Fehler im Roman ist verzeihbar. Der Fehler im Gedicht ist vergleichbar mit einer Skulptur, der man das rechte Ohr abgeschlagen hat.

10. September 2018 Auch wir bewegen uns in Richtung Endabnahme. Der Weg wird kürzer, die Jahre gehen dahin und was können wir tun, als ihnen das eine oder andere Gedicht abzutrotzen und in den Weg zu legen, der immer weiter führt.

11. September 2018 Jens Jessens automobile Analyse in Die Zeit: „Stinkers Aufstieg". Der Diesel als Achtzylinder des kleinen Mannes, ganz gemäß dem deutschen Credo „Leistung soll sich lohnen". Der Aufstieg entpuppt sich als Abstieg und manch einer feiert schon seinen Abschied vom Blech. Schließlich mutieren die Fahrzeuge in Ballungszentren immer mehr zu Stehzeugen.

12. September 2018 Christopher Street Day im Café Reichard. Das Kuchenbuffet prahlt. Ein Engardiner Nusskuchen prunkt. Ein Stachelbeerbaiser erstrahlt.
Menschen in homo-, bi-, trans- und heterosexueller Maskerade. Hier und da weißhaarige Paare. Sich fragen, bin ich das in fünfzehn Jahren.
Zwei ältere Damen raisonnieren über das Reisen. „Reisen muss ich nicht mehr. Koffer packen, hinfahren, Koffer auspacken. Alles, damit du Tag für Tag alleine am Abend- und Frühstücksbuffet sitzen kannst. Nichts mehr für mich. Da lese ich lieber ein gutes Buch."

13. September 2018 Im Briefkasten findest du deinen täglichen Frühstücksbegleiter mit der Schlagzeile von gestern. So beginnt das Dienstagmorgenfrühstück mit der Montagsausgabe des Kölner Stadtanzeigers und endet mit den entschuldigenden Worten des Abbonentenservice Mitarbeiters und einer Gutschrift von Eineurodreiundzwanzig.

14. September 2018 Die obere, die untere Zeit. Seitenstraßen von Seitenstraßen und nichts davon bist du. Nicht das Zimmer. Nicht die Uhr. Nicht Tisch. Nicht Stuhl.
Tage gegen den Tag. Und jeder Satz Komplize der Befindlichkeit.
Zwanziguhrfünfzehn. Der Tagesschausprecher spricht den Tagesschausprecher. Der Regierungssprecher, ein Nach- und Schausprecher, ein Politikverhinderungssprecher, ein mit Sprechblasenausschließlichkeit gesegneter Abwesenheitssprecher, der Politik so verkauft, dass ihr Simulationscharakter unerkannt bleibt.
Der Simulationscharakter der Polittalkshows im sogenannten öffentlich rechtlichen Fernsehen ist dagegen offenkundig und aufgrund der eingeladenen Gäste vorhersagbar. Die Talkshow Teilnehmer sind nach dem Provokations- und Konfrontationspotential ausgewählt, das sie aufgrund ihrer politischen und weltanschaulichen Haltung mitbringen.
Sobald das rote Kamerasignal leuchtet und die Moderatorin das Thema präsentiert hat, sind alle Kombatanten damit beschäftigt, Holz für den Scheiterhaufen zu sammeln, anstatt sich in britischer Manier bei einem Glas Sherry Gedanken über die Lösung der anstehenden Probleme zu machen.

was es ist (2)

demoklima

rewe richrath fensterplatz. draußen die, die gegen klima gehen.
vielstimmige wiesen. zwischen guten und bösen bäumen
das jeansblaue wispern der plakate.
eltern winken mit waldbeeren überm warmen salat.
tage tragen tage heim. jahre hängen schlank überm acker.
bei soviel *rettet die bären* kommt jede hilfe zu spät.
klima ist wie bier. warm ist scheiße.
blätter sind weiße westen.
die wörter wollen nicht aufs papier.

gute partie

sondierungsliesel und sondierungshans sitzen
in der sondierungslimousine. hans ist als sondierer
ohne mitgift die schlechte partie für die rechte partei.
er hat 'nen offenen reißverschluß und fürchtet im
parteiverdruß geweihverlust.
solange wangenküsse schmatzen
drängt sich männerbrust an männerbrust zum gruppenfoto
auf dem balkon.
für süßmäuler gibt es zuckerwatte für liberale einen klaren
so legt sich mehltau übers land bis irgendwann
die blase platzt und glänzt wie manche schädelplatte
öd und leer.

musthaves

modemode puppenschneiderei
kleider über menschen in denen sie stecken
z.b. dieser piccolini schwingend
für valentino mit jackenpendant für louis vuitton
im look der zwanziger das kenzo negligé flankiert
von mango chutney und kräckerparmesan
das aus der haute cuisine herniederfährt
wie ein neunschwänziges salzwiesenlamm.

public viewing

an der bar besetzungen. uhraufführungen. hospitanzen.
rüstungseffekte. kostümmalerei.

nebenmenschen stehen neben nebenmenschen
als ginge es ums ganze.

auch andere sind da. sie sehen wie schönes
in seiner schönheit anderes schöne noch verschönt.

zwei innenverteidiger treffen sich zum halbfinale
am seitenaus.

passagen (1)

wir machen uns auf fahren fort
in ein besseres neues. wellen waschen was war
zwischen diesem und jenem ufer ein treibendes boot
mit blankem segel im schlepptau des winds.
nun sind sie da. auf der rückseite dessen was der friseur
dir empfiehlt erscheint die großzügige unterstützung
der puppenspieler als engel im auffanglager.
nenn es transitzone. nenn es kanzlerdämmerung
was zählen silben, was schleppersorgen im grenzgeschäft.
da sei kein ford kein falscher flüchtling
man könne kein latein verwenden.
dann heißt es glocken zählen im archiv
und du bist zaungast auf deiner stadionrunde
über den wolken.

passagen (2)

stellt sich nach freundlicher übername ein frisch
hinübergekommener im zuge verdachtsunabhängiger
personenkontrollen als nicht hierhergehörender heraus
setzt nach rücksprache mit dem abschiebebeobachter
das flüchtlingsrückkehrbeschleunigungsverfahren ein.
der auszuweisende erhält nach rückgabe der freiheitlich
demokratischen grundordnung
eine heimführungsidentifikationsnummer und einen
persönlichen rückführungsbeschleunigungsberater
in dessen verantwortung die erfolgreiche heimführung
liegt. nach ankunft im heimtland erwartet den erfolgreich
heimgeführten eine abschiebeurkunde und ein gutschein
über eine dreimonatige rückführungstherapeutische
betreuung. und nun zum sport.

was es ist

mit worten worte ins rollen bringen.
das unbekannte bekannte wörtlich nehmen.

es für etwas halten. ein lied davon singen.
mit voller sprachpatrone am drücker sein.

den hut in den ring werfen, der tapete ins maul schauen.
den vertreter im vertretenen erkennen.

den eigenanteil ausweisen, kapital schlagen.
ehrlich gesagt sagen.

sich die hand des anderen geben.
die aufgerufenen diskurslinien neu verhandeln.

dem nachrichtensprecher nachsprechen.

dem nachrichtensprecher als in sprechgestelle gestellten
schattenberichterstatter nachsprechen.

sitzen bleiben. sich fest setzen.
versessen sein.

der stille lauschen.
stehen wie ein baum.

Spätdienstprotokolle (3)

15. September 2018 Was mir der WDR heute zu sagen hat. Die Rücklagen seien ausgeglichen, der Referenzzins gegenüber seinem maßgeblichen Wert unverändert. Am Ende des Vorermittlungsverfahrens vermisst der Leitindex die Macken der Dunkelheit.
Immer neue Streifen kommen in die Ausleihe. Die Festivalteilnehmer hätten bemerken müssen, um was es nicht mehr ging. Notwendige Engel ziehen über die Eifel herein.

16. September 2018 Was mir die Stadt heute sagen will. Wo ein Körper ist, kann kein zweiter Körper sein. Wörter fallen aus Gesichtern. Doch seh ich, was ich seh.

17. September 2018 Café Reichard. Unter fetten Hennen. Ein leicht ergrauter Mitsiebziger in Begleitung seiner bildschönen, jungen Frau zu seinem sich nicht von der Stelle bewegenden Yorkshire Terrier: „Komm Schatz, wir gehen jetzt nach Hause."

18. September 2018 Köln, Schildergasse. Café Riese. Das Café im Strom der Peek-Ansons-MarcoPolo-Shopping Bags. Menschen kommen, nehmen Platz, lesen die Karte, winken dem Kellner, fragen, bestellen, essen, trinken, bezahlen, gehen – und da capo Wasdarfesseinjungermann. Derherrwaszutrinken. Fürsienormalerfilterkaffeediedame. Teehabichschonmalfürsie. Cappuccinokommtgleichderherr. Tschuldigungkannichzahlendiedame.

19. September 2018 Schildergasse. Der Sommer neigt sich, die Singvögel singen nicht mehr. Ich sitze auf der Terrasse des Cafés und habe nichts gegen diesen Ausweichort im Strom der entgegenkommenden Bienen und Tauben im Landeanflug auf die liegengebliebenen Kuchenkrümel. Am Nebentisch beschwert sich ein älterer Herr über das unaufmerksame Personal. Ein Bettler nähert sich mit ausgestreckter Hand, worauf der Mann erwidert, er habe ihm doch eben schon gesagt, es gebe nichts.

20. September 2018 Düsseldorf, Königsallee. Der Blick in Chanel-Hermes-Versace Schaufenster. Das Schaufenster als Kunstwerk. Skulpturen aus Farbe, Schnitt und Stoff. Mode als way of life, als Lebensgestaltung, damit du jemand bist, indem da etwas ist.

Die Sprache der Blusen, Schuhe, Röcke, Uhren. Mehr als Ausschnitte, Echos, Köder der Zwischen- und (Un)fälle des alltäglichen Lebens?
Was sagt dir das Mädchen in Ledersandalen und einem lila Sweatshirt, das am Nebentisch vor einem Früchtebecher sitzend mit dem Löffel zum Mund auf halbem Wege halt macht?

21. September 2018 Köln. Auf dem Berlich. Auf dem Weg ins Bastians, Zwischenstopp vor dem Büchertisch des Antiquariats Krüger. Zwischen Walcott und Jaquottet mein totgeglaubtes Semiopolis, von den Remittenten auferstanden und leicht zu haben.

22. September 2018 Samstagmorgen. KStA und Frühstücksdeutschlandfunk. Das Putin-Erdogan-Trump-Syndrom. Sanktionseskalationen. Von Mensch zu Mensch ist alles und ist alles nicht selbst-verständlich.
Skirennfahrer Felix Neureuther verdient als Sportler gutes Geld. Dass er sich als Vierundzwanzigjähriger einen Porsche kaufte, sei ihm unangenehm geworden, berichtet der KStA, berichtet die Süddeutsche.
Er habe den Wagen nur nachts gefahren, damit er nicht gesehen werde. Jetzt stehe er seit vier Jahren unbewegt

in der Garage. Folgt man Christian Lindner oder Ulf Poschardt so ist der Elfer, anders als andere Sportwagen, Ausdruck reinen Understatements. Schließlich ist er nichts anderes als ein weiterentwickelter VW Käfer.

23. September 2018 Die Süddeutsche titelt zu Assanges Leakjournalismus: Enthüllendes Arbeiten auf keinen Fall kriminalisieren.
Enthüllendes Arbeiten im Frühstücksraum eines Viersternehotels. Alle Fensterplätze mit Blick auf den See sind bereits eingenommen oder mit Platzkarten vorgebucht. Reserviert für Gäste Klein-Siebenbürgen. Reserviert für Ottheinz Jung-Senssfelder. Reserviert für Familie Prof. Dr. Königsmann.
Du findest deinen Platz, stellst Ohren und Augen auf Empfang und wählst dich ein. Du wirst zum Hacker, Whistleblower, Datenlieferant für deinen Freund, du bist für Redefreiheit, du bist für Transparenz. Du lernst, Heino ist nicht Deutschland, Beige das neue Schwarz, Calvados der neue Grappa.
Du hörst von Pulitzerpreisen: den an Aretha Franklin verliehenen für ihren Musik- und Kulturbeitrag, den Reportern der New York Times für die Recherchen zu Trumps Finanzen und der Enthüllung des an zwei Prostituierte gezahlten Schweigegelds und den an einen Dorfpolizisten posthum verliehenen für die Aufdeckung der Osterhasendiebstähle aus der Glasvitrine eines Romantikhotels in Bederkesa.

24. September 2018 Mit Kurt im Norden. Bederkesa. Bösehof. Der Kellneraspirant im 2. Lehrjahr mit dem Blick über die linke Schulter auf die frisch servierte Langehals Rote Grütze nach Großmutters Art, „Jetzt hat das Anschauen ein Ende".
Duhnen. Perle am Wattenmmeer. Hotel Seelust. Das „elegante Komforthotel in Strandnähe". Nach dem Panoramafrühstück im 6. Stock mit der Bimmelbahn nach Sahlenburg.

25. September 2018 Der Juwelier möchte auch in diesem Jahr meinem Geburtstag „das gewisse Etwas" verleihen und schickt den neuen Must-Haves-Styleguide für Uhrenliebhaber.
Chanel ist erstmals auch dabei mit ihrem Credo, es komme im Leben nicht darauf an, etwas zu sein, sondern jemand zu sein. Jemand ist sicherlich der jüngste Spross des Kardashian Clans, Kylie Jenner, die mit ihren Posen, Outfits, und Lippenstift-Clicks, Zitat „Ich bin das Gesicht meiner Marke", zur jüngsten Milliardärin in den U.S.A. avanciert. Learning from Kylie oder wie mache ich das schnelle Geld als Influencerin im Netz hätte als Goldmann Taschenbuch sicher Bestsellerpotential.

26. September 2018 Bastians Mittagstisch. So weit wie der Blick von New Jersey über den Hudson nach Downtown Manhattan, so fremd das amerikanische Paar mit ihren Zwillingskindern am Nebentisch. Glaubt man den T-Shirt Großbuchstaben so sitzen sich Manhattan Lehmann Banker und XXL Supergirl gegenüber. Noch vor der Speisekartenlektüre erfolgt auf ein Zeichen des Familienoberhaupts das 4711 Erfrischungsritual. Die Reinigungstücher werden der Papierfolie entnommen und entfaltet: das Kölnischwasser Handreinigungs- und Desinfektionsritual kann beginnen.
Die in anhaltenden Hitzeperioden von zur Kreislaufschwäche neigenden Damen fortgeschrittenen Alters sowohl aufgrund ihrer kühlenden als auch reanimierenden Wirkung geschätzten Tücher entfalten unterstützt durch die kreisend-reinigende Bewegung der vier Händepaare sowohl ihre aufdringlich zitronige Kopfnote als auch ihre desinfizierende und an Riechsalz erinnernde wiederbelebende Wirkung. Alles in allem ein Erlebnis der besonderen Art: optisch und olfaktorisch simply outstanding.

27. September 2018 Über den leeren Tag. Über das allein sein an einem leeren Tag in den eigenen vier Wänden. Den Tag verbringen. Bilder an leere Wände hängen. Uhren auf Schienen. Die Tyrannei des Sekundenzeigers. Gute und böse Stunden. Neue Zeilen, neue Tage.
Dankbar sein für die wenigen Undankbarkeitsgedanken an diesem Tag. Dankbar sein für die Zeilen im Dankbarkeitstagebuch.

28. September 2018 San Leo. Die Gäste sind Junkies, Wiederholungstäter, sie hängen an der Agnolotti-Fiocchi-Limoncello-Nadel. Es gibt sie in allen Schattierungen, Wochenend- und Wochenanfangsgäste, Midweek-Gäste, denen die Entfernung zwischen den Wochenenden zu groß ist, Da-weiß-man-was-man-hat-Gäste, Pendlergäste aus Köln und Herne-Wanne, experimentierunfreudige, Auf-Nummer-sicher-Gäste mit niedriger Pastafrustrationstoleranz, Hyperempfindlichkeitsgäste aber auch Kümmert-uns-nicht-Gäste, die den Erst-denken-dann-bestellen-Kellner so nehmen wie er ist.
Der San Leo Gast sitzt an Vierertischen, ist höflich zugewandt und grundsätzlich gesprächsbereit, wobei der Grad der Gesprächsbereitschaft schon an der Länge des Blickkontakts und der leo-üblichen Begrüßung bei der Tischzuweisung ablesbar ist.

29. September 2018 Mit Kurt in Oostende. Café Van den Berghe.
Meine Augen ein menschenfressendes Tier.

Oostende Stadt. Ihre Morbidität im toten Winkel. Inmitten von Abrissbirnen in dieser architektonischen Palliativstation sprechen Whitman und Coelho hinter milchigen Fensterscheiben zu dir:

> Don`t waste your time
> with explanations.
> People only hear what
> they want to hear.
> Paulo Coelho

> BE CURIOUS
> NOT JUDGMENTAL.
> Walt Whitman

> Re-examine all you
> have been told.
> Walt Whitman

1. Oktober 2018 Köln. Bastians Auf dem Berlich. Die uns vor Augen Gestellten. Das uns vor Augen gestellte Einzwitschern, Klüsen und Klasen, dieses knopfstolze Knötern, Knatschen und Kaupern, dieses schmürbelnde Schmatzen der Krokodilisten.
Die Dahingestellten in ihrem Dahingestelltsein lassen. Ausatmen. Einatmen. Stille und Meditation.

Nicht nur du brauchst die Bäume. Die Bäume brauchen dich. Die Flüsse brauchen dich. Die Wiesen Blumen und Seen brauchen dich.

2. Oktober 2018 Naturata, das ganzheitlich-ökologisch-vegetarische Vollwertrestaurant. Ringsum waberndes Ernährungsbewußtsein. Ich wähle die Pastinakensuppe und lese in Schrot und Korn über den Preis der Natur. Der

Autor beziffert die jährliche Arbeitsleistung eines Blaukehlchens auf 154,09 Euro, die einer Waldbiene auf 325 Euro und schlägt vor, man möge den Schmetterlingen, Meer, Wind und Bäumen ein imaginäres Preisschild anheften, um zu begreifen, welchen Reichtum wir täglich vernichten: die Fröhlichkeit und Leichtigkeit der Birke, die Mütterlichkeit und Geborgenheit der Buche, die Gelassenheit der Kastanie und die beruhigende Entschleunigung der Tanne.

3. Oktober 2018 Menschen im Café. Menschen in Restaurants. Menschen an der Bar. Ich seh sie zappeln.

4. Oktober 2018 Düsseldorf. Schneider-Wibbel-Gasse. Sonntagabendausgehmeile. El Amigo Lopez. Auf der Terrasse erklingt das Zigeunerakkordeon. Unterm Sternenhimmel tätowierte Fitnessstudiomänner im Kurzarm-T-Shirt, daneben Michael Kors Designer Diven, twitternde Twiggies in goldgelbem Chanel Imitat.
Der patrouillierende El Amigo Chef lobt sein Advocado-Artischocken-Dressing und entschuldigt den Verspätungskellner, „ist schon mit einem Bein im Urlaub".

20. Oktober 2018 Deutschland verliert drei zu null gegen Holland. Der KStA titelt: Nach Sport sofort tot.
Polen kürt die dreiundneunzigjährige Tova Ringer zur Miss Holocaust Survivor 2019. Der DLF Moderator betont, es gehe bei diesem Schönheitswettbewerb nicht um äußere Attraktivität, sondern um Persönlichkeit. Aha.

28. Oktober 2018 Brasilien wählt Bolzonaro, der mit Aussagen wie „Lieber einen toten als einen schwulen Sohn" und „Diese Frau ist zu häßlich, um vergewaltigt zu werden", glänzt.

Ex-Zeitherausgeber Naumann zieht in punkto Trumpsches Medienbashing eine Parallele zu Pegida, der AfD und der Weimarer Republik und übersieht, was Weimar betrifft, dass die politischen Ränder heute viel kleiner sind, und dass Deutschland sich nicht auf einer Messiassuche befindet.
Italien und seine Schuldenkrise. Griechenland No.2: Wenn Deutschland weiterhin seine Wir-haben-alles-richtig-gemacht-die-anderen-sind-faul-Haltung nicht aufgibt, wird uns die europäische Währungsunion um die Ohren fliegen. Was jetzt schon in den Ohren weh tut, sind die Spitzenkommentare nach der Hessenwahl: Zunächst einmal danken wir den Wääählern, äääh, da will ich gar nicht drumherum reden. Buuuvier, wörtlich: die Botschaft ist klar: ORDENTLICH REGIEREN!!

3. November 2018 Der Sonntagstatort aus Stuttgart ist ein Vielleicht-Tatort, eine Tour de Force der Lügen, Lesarten und Leerstellen. Die Handlung kommt in Fragen, der Protagonist lügt sich aus allen Eventualitäten. Er ist das Fragezeichen.
Das Personal von Anne Will klingt vielversprechend. Habek punktet klar gegen Lindner.

4. November 2018 In Restaurants lernst du die Menschen kennen, ihr Maskenspiel, ihre Ängste, Stärken, Schwächen und Sehnsüchte.
Über Restaurants schreiben. Über Menschen in Restaurants, ihre Auftritte und Abgänge, ihre Gesten und Blicke, die Geschwindigkeit und Zielstrebigkeit bei der Tischwahl, ihre Gespräche während der Speisekartenlektüre und während der Wartezeit.
Jedes Restaurant hat seinen Sound, einen nur ihm eigenen Ton. Es ist nicht nur der Ton der Gäste und der sie bedienenden Kellner. Es sind die unüberhörbaren Guten-

abendgeräusche der Kleider, Jacken, Uhren, Parfums. Es sind die Töne des Mobiliars, der Tapeten, Stühle, Tische, Blumen und Bilder. Es sind die Beleuchtung, der Lärmpegel, die Temperatur, Luft und Gerüche, die du als erstes beim Betreten des Restaurants wahrnimmst. Der wuchtige Magnolienstrauß an der Weinbar, was will er von dir? Bald spürst du, dass die Menschen und Dinge nicht für sich sind, sondern dass alles mit allem kommuniziert. Die Blumen mit den Bildern an der Wand, die Terracottafliesen mit der Deckenbeleuchtung, der leise Tisch nebenan mit dem unüberhörbaren am Ende des Lokals.
Das Personal. Die schnelle, auffordernde Handbewegung am Nebentisch, der bestätigende Blick des sich nähernden Kellners. Die wortlos gereichte Speisekarte. Die Bestellung. Sardinen nicht Sardellen. Vor, nach oder zum Hauptgang. Nicht zum Hauptgang, als Hauptgang. Der Kellner zum Ehepaar am Nebentisch: „So, einmal die Hühnerbrust." „Ja, das bin ich!"
Die Rechnung bitte. Wir begleichen.
Was begleichen wir? Brot-Wasser-Wein-und-Pasta, das Mandelparfait, den Grappa, das Kellnerlächeln auf Stoffservietten, Teller, Gläser, Messer und Gabel, das Terracotta Ambiente, den Dresscode, die Flüsterküche am Nebentisch, Strom, Gas und Fussbodenheizung. Macht zusammen achtundsiebzig Euro.
Metoo Szenarien nach dem Dessert: Der Mann zahlt, die Frau prüft die Rechnung. Die Frau zahlt, der Mann prüft die Rechnung. Beide prüfen die Rechnung. Der Mann zahlt. Beide prüfen die Rechnung. Die Frau zahlt. Niemand zahlt. Die Rechnung wird vergessen.
Die Frau schreibt für den Michelin Guide 2019, der Mann ist ein Mafioso oder heißt George Clooney. Die Rechnung geht aufs Haus.

16. November 2018 Im Restaurant. Vierertischbegegnungen. Der Mann, der den Blickkontakt sucht und sobald du zurückschaust seinen Blick abwendet.
Die Frau, die dir am San Leo-Warte-Stehtisch schon auf den Pelz rückt, fragt: „Was lesen Sie denn da, ich gehe morgen auch auf eine Lesung."

19. November 2018 8.15 Uhr. Frühstücksradio. WDR 5, DLF, Deutschlandradio Kultur, die Presseschau: das plappernde Ich. Das plappernde Diesel-Klima-Europa-Ich. Das plappernde Ich der Geschlechtergerechtigkeit.
Mut zur Wahrheit lautet das Parteitagsmotto der AfD. Die Regierung sei der lebendige Beweis ihres eigenen Scheiterns.

Die öffentlich Rechtlichen können es noch besser: als alle Bambies verliehen waren umarmt Gottschalk Eva Padberg in Emilio Pucci, begrüßt Carpendale Heidi Klum in Schmuck von Bulgari, erscheinen Dua Lipa in seethrough-Valentino Robe und Kryolan Make-up, Hairstyling Schwarzkopf, Vanesssa Fuchs in ihrem Federkleid von Choppard, Heels von Hugo Boss und einer Clutch von Chanel, Influencerin Nina Schlichtenberg in schulterfreiem Mercedes Benz und mega Baby-Glow auf rotem Carpet. Alle Abendtaschen fügen sich stilvoll in die Wow-Looks ein, greifen den Ton ihrer Kleider auf und bleiben jeweils mit dem Schmuck von Chopard der Farbwelt ihrer Outfits treu. Furtwängler ist im Gespräch mit Furtwängler über Furtwängler, die Köln Flocken Geschäftsleitung umringt von Dessous Models in Lagerfeld Escada.

22. November 2018 Blumen und Tiere, die ich bei meinen Restaurant- und Kaffehausbesuchen schon gesehen habe: Stiefmütterchen, Vergissmeinnicht, Buschwindröschen, Weißdorn, Rotdorn, Akelei.

Die Tiere heute Abend: Rochen, Qualle, Buckelwal, Beutelfrosch und Leguan, Löffelente, Giftfrosch, Kragenbär und Zitteraal, Knochenhecht und Kleideraffe.

21. Dezember 2018 Was ist Bildungsgerechtigkeit?, fragt der KStA. Ist NRW bildungsgerechter als Baden-Württemberg? Ist Spitzenbildung ungerecht? Sind Gesamtschulen in Bremen bildungsungerechter als Gymnasien in Radevormwald? Ist Intelligenz bildungsungerecht, Erziehung bildungsungerechter, Kitas am bildungsungerechtesten? Weiß der internationale Koordinator der Pisa Leistungsstudien von der Bocksbergseilbahn in Goslar-Hahnenklee?

28. Dezember 2018 Zwei Jahre nach dem Austritt aus dem Schuldienst gelingt es mir die Wörter „sehr gut" erstmals ohne Ironie zu hören.

31. Dezember / 1. Januar 2019 Lützenkirchen. Dann schlägt es zwölf. Die Feuerwerkskörper muten an, als hätte jemand Frostschutzmittel über die Himmelsscheibe gegossen. Das TV Programm nervt. Böller eskortieren dich ins Auto.
Neujahrsmorgen, allein am Frühstückstisch mit den funkelnden Sylvestersternen, die als Sektkorken und Raketenhülsen deinen Rasen zieren.

19. Januar 2019 Café Fassbender. Ein Paar in den Fünfzigern betritt das Café. Die Aufmerksamkeit richtet sich auf ihren Sohn, der ein Bein nachzieht und lallende Laute von sich gibt.
Das Paar findet seinen Tisch in der äußersten linken Ecke des Cafés. Der Sohn winkt mit lauter Stimme und ausgestrecktem Arm die Kellnerin herbei. Der Vater lächelt, die Mutter legt den Zeigefinger auf ihre Lippen. Ihre besorgten, den Blicken der anderen Gäste ausweichenden Blicke.

Auftritt der Kaffehausbesitzer mit der Miene eines Stadtvermessungsoberamtsrats bei der wöchentlichen Kücheninspektion. Seine Selbstunfehlbarkeitserklärungen. Die Irritationen des Schauens. Etwas geht ins Auge. Vorbehalte sammeln sich im Blick. Der Mensch lässt sich in seinen Wahrnehmungen und Erfahrungen auf jene Zeichen ein, die er aufgrund seiner Lebensumstände zu finden geneigt ist. So kehrt das Auge zu den Stätten seiner Betrügereien zurück.

21. Januar 2019 Café Riese. Warteschlange an der Tapasbar. „Is datt Mett oder wat is datt hier?"
NTV schlagzeilt: Schuld ist die Autoindustrie, das Klima, der Schadstoff, die Raser, das Tempolimit, die Flucht ins Ausland. Kampf dem Haarausfall, der Kohleverstromung. Kampf der Rabattschlacht, den Zweiflern, den Linken, den Rechten, den linken Rechten, den Kompatiblen, den UniformbüglerInnen, den Kerlen im Glitzerfummel.
Karstadt heiratet Kaufhof. Warenhäuser wie auch Politiker müssen sich neu erfinden.

22. Januar 2019 „Rendez les blancs" singt der französiche Rapper XXX und landet prompt auf den Seiten der einschlägigen Feuilletons und auf der Abschussliste der Links- und Rechtsintellektuellen, woraufhin er bemerkt, er habe lediglich die Haltung eines Teils der farbigen Bevölkerung Frankreichs widergegeben, mit satirisch-kritischer Absicht selbstverständlicherweise.

2. Februar 2019 Düsseldorf. Beim Italiener. Wir betreten das Restaurant und stellen fest, dass alle Tische besetzt sind. Am Stehtisch vor der offenen Küche warten drei Paare. Die Gäste nehmen das gerne in Kauf. Während sich die am Stehtisch Wartenden die Zeit mit einem Glas

Prosecco vertreiben, stehen wir neben der Eingangstür im Gang an der Garderobe, umgeben von schnellen Dessertanlieferungen, dem Aufschlagen der Teller auf Holztischen, dem Einlegen der Löffel neben gefüllte Tassen, dem leisen Zischen der Espressomaschine.
Unsere Warteposition hat etwas von einem Logenplatz im Staatstheater. Im Fünfzehnsekundentakt flitzen die Kellner Mario, Angelo und Antonio an uns vorbei, Teller und Weinflaschen balancierend, Antonio fast schon tänzelnd mit Hüftschwung die im Gang Wartenden umschiffend. Die San Leo Gäste, meist Stammgäste, Mittelklassepublikum, freundlich grüßend und grundsätzlich gesprächsbereit. Während wir warten und ich im Gespräch mit Angela den Kopf hebe, wird mir bewußt, dass ich im Moment des Aufschauens einzelne Personen ohne nähere Prüfung ablehne oder sympathisch finde. Fehlt es nach einer Weile an Ablenkung und wird das Warten selbst zum Thema, scannen wir die Tische nach fast gelehrten Tellern, gezückten Kreditkarten und Portmonees. Alles dies gehört zum besonderen San Leo Unterhaltungsprogramm, das durch Antonios Fingerzeig ein unerwartet schnelles Ende findet. Wir fühlen uns bedacht und nähern uns mit einem Gewinnergefühl dem freien Tisch.

4. Februar 2019 La Fornace. Ein Fünfertisch. Sie und Er und ihre Kinder Benedikt, Leopold und Maximilian. Maximilian sitzt nicht richtig am Tisch, bemerkt die Mutter. Benedikt schaut unentschlossen in die Speisekarte. Nimm doch mal die Kindermargherita, empfiehlt der Vater. Lass sie doch bestellen, was sie wollen, entgegnet die Mutter. Leopold leg das Messer weg. Benedikt, wie oft soll ich noch...
Nach diesem Erziehungsintermezzo entspinnt sich ein Gespräch um Immobilienpreise, Stromsparstrategien, Aktienkurse und Haushaltsführung. Die Sicht aufs Geld, der

Umgang damit, die Aufstellung der Glaubenssätze und die sich daraus ergebenden Unvereinbarkeiten.
Spüren Maximilian, Benedikt und Leopold, dass sie es wert sind? Einzig verbindend das Edelmetall am Ringfinger des Paares.

Am Nebentisch die im Fünfminutentakt hereinschneienden, mit jeweils einem piepsenden Klingelton ertönenen Mails. Du bist bei deinem Lieblingsitaliener und denkst, du sitzt auf Abruf im Büro.
Dieser Ohrenschmaus wird noch übertroffen von dem Paar vis à vis, das die Weingläser mit der ganzen Hand mittig umfassend zum Mund führt und als Zeichen der Wertschätzung kurz vor dem Aufbruch die Papierservietten in Form von zehn Zentimeter hohen Knäuelskulpturen auf ihren Tellern hinterlässt.

18. Februar 2019 Bonn, Cassius Garten. Mutter und Kind am Nebentisch.
Lennart, möchtest du ein Glas Milch.
Lennart schweigt.
Lennart, sag doch einfach ja oder nein.
Lennart, schau mal, Erdbeer, Vanille, Schokolade.
Möchtest du ein Eis, du magst doch Vanille.
Lennart bekommt ein Vanilleeis.
Lennart, wenn du jetzt sagst, dass das Eis kalt ist,
wird die Mama sauer.
Lennart, lass das. Komm bitte mal her.
Lennart, ich habe nein gesagt, Schluss jetzt!
Lennart, sollen wir gleich mal zusammen aufs Klo gehen?
Nein, musst du nicht.
Lennart, bist du satt?
Lennart, willst du denn deine Sachen anziehen?
Wir ziehen jetzt schon mal die Jacke an.

Mama geht jetzt aufs Klo.

Für sieben Minuten ist Ruhe am Tisch.
Die Cafés, die Gäste, das Personal. Ihr fortwährend feststellendes Abgeschätztwerden fordert eine unbekümmerte Selbstmaßstäblichkeit heraus. Sich-erheben-über-andere als anthropologische Konstante?

was es ist (3)

hotelgäste bewerten hotelgäste
im hotelgästebewertungsportal
beigeordnete stelleninhaber posieren
vor renommierten passautomaten
die fotografin fotografiert den fotografen
hunde meiden den hundeauslaufbezirk
genderfragen bestehen fort
und selbst die schöne comparatistikstudentin
schwärmt für die röschentapete
in der revisionsabteilung ohne jegliche art von
verhältnismäßigkeitsabkommen

am untersuchungstag blüht die tulpenmagnolie
im japanischen garten. der diensttuende florist
empfiehlt die ambulante spiegelung. im behandlungszimmer
tummeln sich auslaufmodelle. während der notversorgung
besteht der pro-kopf-verbrauch aus klarer fleischbrühe
und naturreinem artischockenknospensaft.
volatilitätsindizes hin oder her. am schönen wochenende
liegen die klausuren im safe. es wachsen investmentpartikel
im seitenaus. besser du bleibst auf dem spielfeld
versuche den takt zu halten bis zu deiner wiederwahl
in den vergütungsausschuss es sei denn du betrachtest
golf als prüfpaket zur kostenlosen ermittlung
der investmentpräferenz.
benutze den beiliegenden dosierbecher
zur vollständigen vernetzung vorgereinigter flächen.
kein nachwischen erforderlich.
bedenke als doppelspitze kannst du nicht zurück.
besser du hälst dich raus. vergiss die endorphine.

müde lagert der seminardidaktische imperativ
die zwischenevaluation kann sich nicht reimen
möchte aber die freude an der personenorientierung
langfristig aufrecht erhalten
eine installation bespielt den oberlichtsaal
ein zugehöriges befragungsinstrument
bringt seine items ins kino
ein persönlicher vorvertrauensfilter ist eingepreist
die vipgondel auf dem weg zur wedelhütte
hier hilft das flügelverständnis in der einheitskapelle
noch vor dem aufstieg in die panoramasauna
ein persönlicher ballfänger der premiumklasse
richtet den blick auf die vorläufigkeit
der parallelerzählung
die entgegenkommende heißluftgondel
befindet sich auf duschhöhe
mit der standardheizung
ein sprecher der vollendeten gegenwart
hat den wänden rouge aufgelegt
es heißt er wolle den transparenzindikator
stärker gewichten
der bundesinnenminister würdigt die aussicht
auf die gute entscheidung als ein ermutigendes zeichen
noch liegen laternen im schatten
bald tragen akten röcke aus licht

manche sprachen. manche sprachen im gegenzug
von dokumentationsbögen für überstundenkönige
in variablen flipchartphasen.
eine neue person erscheint in der folienarbeit.
es kommt zur brückenbildung in klasse acht.
linien ziehen als kleinbausteine durch lernschleifen
reben schaudern zwischen eignung und neigung
korken im wein gehen als modul in die auslese
die note kommt numerisch als singender holunder
und verweist auf den stand möglicher dinge
im großflaschenkeller. fehlt im portfolio die kohärenz
verfängt die entfernung systemeigener teile
bis zur behauptung. auf diese premium edition
kannst du dich verlassen.

montag achtuhrzehn. der tag beginnt
mitten im satz. so ziehen schwierigkeitskleider
am nordhang so bleibt der schnellschnee
laufkundschaft des frühlings und alle jahrgangsklassen
auf dem flur vereint.
der tag kommt in auswanderungssandalen
alle gymnasialeltern schwimmen im eingangsbereich
sie plädieren für sprechzettel
und individuelle gottesdienstübertragungen.
der richtlinienminister steht
als hilfsweihnachtsmann vor der himmelstür
wir steigen ins fröhlichere algebra
und kauen rosen bis der lehrer fragt
sitzt der wind auch wirklich still in dieser ecke
am himmel steigen bilder auf. nomadenshooting.
märz taut über die dächer
es taut blau über blau
ich hoffe noch einmal auf schnee.

nicht der lehrerdiagnosebogen
nicht die familienfreundliche lachgasbehandlung
nicht das vergeltungsmuster im zeugenschutzprogramm
nicht die dreharbeiten für das auftragswerk im herzen der
                                                              praterstadt
nicht der imaginäre pflegehund im besprechungszimmer
unverlangt eingesandter
nicht die sondertilgungsbestimmung einer glaubwürdigkeits-
                                                           untermauerung
nicht die abfindung der filmförderungsanstalt
nicht die allmorgentliche theorie der falten in deinem
                                                                kopfkissen
nicht einmal der laufzettelfpflichtige wiederholer
mit dem pflasterstreifen am halteapparat

kompetenzorientierungskompetenz

die aus der sachkompetenz als leitkompetenz
resultierende entscheidungskompetenz
entsteht mit der methodenkompetenz
und führt über die orientierungskompetenz
von der allgemeinen handlungs und gestaltungskompetenz
zur beurteilungskompetenz. sind die indikatoren flüchtig
konsultieren sie den ihnen zugewiesenen inkompetenz
kompensationsberater.
ergeben sich die selbstaussagen handelt der berater nach
                                                          plan.
spricht der erprobungsstufenleiter ohne entsprechendes
                                                        aufmaß
bröckeln die gerüstebauer im hütchenspiel.
diagnosefreundliche einstiege reduzieren das infektrisiko.
die kinder beweinen ihre bleistifte ohne träume beim
                                                   duschen.
der betreuer ermöglicht dem anwärter aus der haut zu
                                                   kommen.
so bleibt verhandlungsspielraum für die fassungsvarianten
im anmerkungsapparat.

laut einer studie

können kinder in der schule kaum mitbestimmen. neunundsechzig prozent sagten bei vielen dingen in der schule mitbestimmen zu wollen immerhin ein knappes viertel gab an bei einigen dingen mit reden zu dürfen allerdings war ein fünftel der befragten der meinung nur bei sehr wenigen dingen etwas sagen zu können fünfundfünfzig prozent könnten nach eigenen angaben gar nicht mitbestimmen heißt es so hätten kinder bei der außenraumgestaltung kaum etwas zu sagen allerdings würden neunundsiebzig von hundert schülern sehr gerne oder eher gerne in der schule etwas zu sagen haben.

zum abschreiben

nicht zu spät kommen
nicht klassenraum verschmutzen
nicht smartphone hören
nicht wände betören
nicht mäppchen sezieren
nicht klassenbuch verlieren
nicht knötern knausen runzen flausen
flusen flocken neiden locken
nicht flätzen sticheln treten petzen
die sätze langsam in den badezimmerspiegel sprechen
ich habe mund im unterricht.
ich sitz auf meinem satz.
ich habe stühle hoch ring am läppchen spreche lese
esse meinen apfel leise. ich bin entschuldigung
bitte danke kein problem warum.

persönlichkeiten

eine mutmaßlich unabhängige persönlichkeit trifft
eine vergleichsweise abhängige persönlichkeit.

eine fast schon unabhängige persönlichkeit möchte eine noch
viel unabhängigere persönlichkeit werden.

eine gelegentlich unabhängige lebensabschnittspersönlichkeit
sucht ein ansehnlich frei atmendes pendant.

eine aufgeschlossen junggebliebene sucht frei zusteigenden ihn
vor dem einkaufszentrum im bus nach süden.

eine mehr oder weniger unabhängige ansehnlichkeit
wünscht sich eine weitaus unabhängigere

für mehr als nur ein sechs-gang-menue mit dem spa-therapeut auf der außenterrasse des paradise garden

gesetztenfalls du erhälst den frühlingsrabatt auf den neuen gartengrill.
gesetztenfalls der verlust der apfelsorten führt zur vereindeutigung der welt.
gesetztenfalls du stolperst von den feldern der massenkultur
in das gehege des literaturbetriebs.
gesetztenfalls dir fehlt die rückfahrkamera.
gesetztenfalls du bist im qualifying.
gesetztenfalls du wirst den optimalen bremspunkt treffen.
gesetztenfalls die versammlungsunterlagen erliegen
der kontaktpersonennachverfolgungsordnung.
gesetztenfalls der dozent ist ein luftverdrängungspräsident.
gesetztenfalls die sache sieht aus, wie eine sache von irgendetwas.
gesetztenfalls du kaufst die hemden zum einzelhandelspreis,
dann kaufst du die hemden zum einzelhandelspreis.

kleines anthropologisches kompendium

wenn du eine geliebte hast, wird dein hund dich verlassen.
wenn du deinen garten verleugnest, vergessen die tiere wie man spricht.
wenn dein hund stirbt, fliegen die vögel weiter.
wenn du an engel glaubst, glaubst du an engel.
wenn die liebe kommt, bist du der hungerdiamant.
wenn die liebe geht, tauscht sie die kleider mit der schneiderin.
wenn du schlecht schläfst, probiert dich ein fremder an.
wenn du nicht weißt wer du bist, addiere herz minus herz durch vier.
wenn du nicht bist was du sein könntest, beginne mit murmeltieren.
wenn nichts hilft versuch, es mit entscheidungsnadelkissen.
wenn der knoten platzt, ist die liebe eine klingel.
wenn die liebe fehlt, hat das gedicht kein ende.
wenn dein körper dich verpasst, verpasst dich nicht nur dein körper.
wenn der apfel fällt, fällt er nicht im takt.
wenn das leben schweigt, bist du der hamster im rad der sprache.
wenn die welt fällt, fällt sie dir nicht zu füßen.

letzte fragen

eins

bäumt sich die ewigkeit in die zeit
steigt wiese übers gras
hatte der regen die sonne angezündet
trat glück auf der anderen straßenseite in erscheinung
behauptete das kind ohne fürwort sei dort nichts
hatte die liebe ein selbstanwendungsdilemma
blödete das ding indem es zeichen setzt
war schule welterklärungsrücklicht
fehlte das gedicht
trug freiheit einen mundschutz aus poesie
war ich mir noch wörter schuldig

zwei

hat welt einen grund
können wir in der mitte beginnen
wollten die sterne mehr als brief und siegel
waren hilfsakteure beauftragt geräte bereitzustellen
war gott ein vertikales ultimatum
europa ein desorientexpress
wußte die wunschgrundschule vom harmonischen ganzen
sollte der papst schritt halten
war meines vaters haus nicht auch das haus meines vaters
wollte ich mich aufschreiben
war ich mir noch wörter schuldig

kleines poetologisches kompendium

1
das gedicht ist ein dorf. es hat die dicksten kartoffeln
das gedicht ist road movie aus heiterem himmel
versauf versabreichen die wörter einander die straßen

2
das gefährlichste wort im gedicht ist das wort *ist*
das gedicht ist eine verwechslungsmaschine
es spricht vom bruder erzählt von mutter
und denkt an den vater

3
das gedicht ist kleinlich
das gedicht ist eine kleinigkeit
es schaut nach links und nach rechts und läuft
mit anderen wörtern davon

4
das gedicht hat seinen gegenstand verloren
das gedicht hat den verstand verloren
das gedicht schnollt

5
das gedicht setzt sich aufs spiel
das gedicht setzt dich aufs spiel
das gedicht weiß mehr als du
das gedicht weiß von dem was mehr ist als du

6
das gedicht fehlt
das gedicht ist eine falschmeldung
mit dem gedicht gehst du in die nächste verhandlungsrunde
wir bewundern von unten

Spätdienstprotokolle (4)

24. April 2019 Fünfundzwanzigjähriges Jubiläum des Landpresse Verlags.
Der Verlag ist zugleich Buchmanufaktur, Museum und Druckerei. Für den Verleger Ralf Liebe bleibt Fadenheftung State of the Art. Er entsagt Amazon und hat ein offenes Ohr für die Lyrik. In einem WDR Feature erkundigt sich der Redakteur nach der wirtschaftlichen Situation des Verlags. „Man lebt nicht gut davon, aber man lebt gut damit". (Ralf Liebe)

2. Mai 2019 Ich befinde mich seit 5 Tagen in einem autofreien Leben. Ich übe, lese Fahrpläne. Ich komme zu spät. Ich verpasse den Bus. Ich bin pünktlich. Ich warte vergebens.
Bin ich im Bus, bin ich für 15 Minuten Mitglied einer multikulturellen Gesellschaft. Ich höre, rieche, sehe und erhalte gratis diverse Lektionen in Buskonversation.
„Kann der nicht fahren", kommentiert eine Kinderwagenmutter das abrupte Abbremsen vor einem Zebrastreifen. Der den Busfahrer begleitende Fahrlehrer raunzt zurück, „Sie haben in ihrem Leben doch sicher auch mal gelernt. Soll er den Radfahrer etwa platt fahren? Außerdem sind die Fahrgäste für sich selbstverantwortlich, will heißen, sie haben während der Fahrt für ihre eigene Sicherheit zu sorgen, indem sie sich an den dafür vorgesehenen Stangen und Haltegriffen festhalten."

Busfahrertypologie. Der ruhige, schweigsame, sanft anfahrende Fahrer. Der schnelle, sonnenbebrillte King of the Road. Der Reisebusmoderator: „Sind wir vollständig, alle drinnen, kann ich die Tür schließen. Auf geht`s. Können Sie bitte durchgehen und die hintere Tür freimachen. Jetzt wird`s voll. Sitzen alle? Halten sich alle fest? Es kann schon mal sein, dass ich scharf bremsen muss.
Abfahrt."

5. Juli 2019 Meine täglich abzuarbeitenden Straßen: vom Frühstück zum See zum Zug zum Kaffee zum Buch zum Rechner zum Italiener zum Veltliner in's Bett.

6. Juli 2019 Von Leverkusen-Opladen nach Düsseldorf ins La Tavola. Nach 25 Minuten Wartezeit 90 Minuten Dauerbeschallung zweier piepsender Studentinnenstimmen: Zuckergewichtsabnahme drei mal die Woche jeweils 500 Kalorien die Stunde Fünfsternehotelsachen, Minibar und Bademantelsachen, all ex und inclusive. UND BEI DIR?
Krach am Weltkindertag, Krach im Studienkreis, Krach in der Lyrik und das neue digitale Psycho Start-up SELFAPY. Nutzeranweisung: Zeichne am Monitor deine Montagmorgenstimmungslinie.

7. Juli 2019 Four-letter-word T-Shirt Träger des Tages: ICON. NTV Schlagzeile des Tages (gesehen wie gelesen) im Café Riese: 200 Millionen Tonnen PRO KOPF MÜLL.
GOTT oder GELD verkündet eine Postkarte in Oshos Esoterikladen auf der Friesenstraße. Der Finanzexperte der FAZ empfiehlt: „Willst du als Profi-Leerverkäufer Kursturbulenzen vermeiden, so behalte die Knockout-Zertifikate des Windparkbetreibers bis zum finalen Showdown."

8. Juli 2019 Café Fromme. Ein Paar aus Gelsenkirchen findet seinen Tisch. Sie nimmt die Speisekarte und liest ihrem Mann Speise für Speise vor. Er lauscht. Wortlos. Der Kellner kommt und nimmt die Bestellung auf. Das Paar sitzt schweigend. Fünfzehn Minuten vergehen. Das Café füllt sich.
An den Nebentischen erklingen englische, französische und italienische Töne. Das Paar verharrt wortlos in Warteposition.Das Café legt dem Paar die Welt zu Füßen. Das Paar bleibt stumm. Die Torte kommt. Das Paar zahlt und verläßt das Café.

10. Oktober 2019 Bonn. Cassius Garten. Vegetarisches Self-Service Restaurant mit Kuchentheke im Vollwertcafé. Die aufmerksame Servicekraft bemerkt: „Dieser Kirschstreusel hier sieht doch viel schöner aus. Ich gebe ihnen mal dieses Stück. Ich hoffe, sie haben nichts dagegen." Die Servicekraft zeigt auf das Tablett: „Dies ist ihr Cappuccino und das ihr Milchcafé". Der Kunde erwidert: „Kann ich mir gerade noch so merken."

12. Oktober 2019 Tchibo. Rathausgalerie Leverkusen. Ein älterer Herr lässt sich seinen Kaffee in einen gelben Plastikbecher füllen und bemerkt, er habe seinen gelben Becher immer dabei, in Zug, Bus und Bahn, das Personal müsse so weniger spülen und trocknen, es sei außerdem energieschonend und warum ich so wenig Milch in den Kaffee gebe und da sei noch Milch auf dem Tisch neben meinem Buch und hier die Serviette gegen den Fleck.

10. November 2019 Köln. Rewe Richrath. Mittags-Rushhour. Du sitzt alleine an einem 6er Hochtisch. „Mahlzeit!", erklingt es und ein superfreundliches: „Ist hier noch frei?" Im Schlepptau erscheinen vier weitere Tischbewohner mit dampfenden Tabletts. Vis à vis baut sich eine matronenhafte Mitfünfzigerin auf. Neben mir platziert sich ein parfümierter Goldkettchenträger, dessen blonde Begleitung sich lautstark über ihren immer noch total verrotzten Sohn beklagt.

31. Dezember 2019 Ich wünsche der sportlichen jungen Frau und ihrem Golden Retriever, denen ich fast täglich auf meiner morgendlichen Runde begegne, einen guten Übergang.

1. Januar 2020 Köln, Café Reichard. Die an diesen Tagen mantraartig gestellte Frage: „Wie bist du ins neue Jahr gekommen?", ertönt am Nebentisch. Du hast keine Wahl. Du kommst in das neue Jahr, wie du in die neue Woche oder den nächsten Tag kommst.

5. Januar 2020 Sonntag. Ein wolkenverhangener, nasskalter Tag.
Wie gelingt mir der Übergang in die neue Woche an diesem trüben, ereignislosen Januartag? Ihn verschlafen, vergraben, verkleiden, vergessen, verdichten oder ihn einfach übergehen?

21. März 2020 Mayersche Buchhandlung. Treffe im Dschungel der Aussagen über das, was ein Gedicht ist auf Thomas Rosenlöchers „Das Gedicht bürgt für die sprachlich-sinnliche Wirklichkeit des Unwahrscheinlichen."
Bildsprachlich tiefer gehen Zang Dis Zeilen in seinem jüngst bei Hanser erschienenen Lyrikband Gesellschaft für Flugversuche: „Dieses Fenster hat den Winter gesehen. Jetzt bekommt es der Frühling zurück. Auf dem Fenster liegt ein Blatt Papier: das Schicksal. Im Papier gibt es ein Loch: das Gedicht. Weil es dieses Loch gibt, kannst du weiter sehen als ich."

22. März 2020 FAZ Lieblingsschlagzeile heute: Viren kommen, Viren gehen, und du denkst an T. S. Eliots Women come and women go talking of Michelangelo (The Waste Land).
Corona und die Wiedergeburt des Hortens. Corona und die Renaissance der (Mit)Menschlichkeit. Das Toilettenpapier-Syndrom.
Macron wendet sich mit „Nous sommes en guerre" an die Bevölkerung und Carsten Fiedler, Chefredakteur des KStA, schreibt: „Wir sehen keinen Katastrophenfilm. Das ist die Wirklichkeit." Beide warnen im gleichen Atemzug vor Hamsterkäufen, Hysterie und Panikmache!

Die soziologische Corona Lesart lautet: je mehr Verfügbarkeit, Kontrolle und Machbarkeit wir erfahren, desto größer ist das Monster der Unverfügbarkeit, das hinter unserem Rücken heranwächst. Der allumfassende Versuch, wirtschaftliche, technische und medizinische Entwicklungen im Griff zu haben, sie langfristig zu beherrschen, gebiert Unverfügbarkeit.

Katrin Röggla kommentiert in der FAZ das allenthalben vernehmbare „Da kommt was auf uns zu" mit „Da kommt was zu sich" (siehe Susan Sontags Krankheit als Metapher) und wird nicht mehr so sein, wie es war.

Wird die Welt nie mehr so sein, wie sie einmal war?

Das schnelle, rigorose politische Handeln bringt uns in die Langsamkeit. Wir können im Gras sitzen, in die Bäume schauen, der Stille lauschen.

wo kann man hier eine nummer ziehen

1)

achten sie beim verlassen des zuges auf ihre
persönlichen gegenstände.

selbstverständnisverständnis.

die vollkommen unvollkommene unvoreingenommenheit.

darf, was andere sagen, so nicht gesagt werden darf,
so nicht gesagt werden.
darf der, der sagt, was so nicht gesagt werden darf,
es so sagen.

wahlbetrugspressekonferenzen. semantische klimaanlagen.

selbstwortattentäter, pornografieermittlungsausschuss,
täteridentifikationsprojektion,
unvoreingenommenheitsvermutung.

biografiefehler, repräsentationsschäden, falschschweigegeld.

es geht unter anderem darum.

alles erfunden. soviel ist gewiss.

jede sache ist eine nebensache. jede beziehung ein rückspiel, dessen vorspiel wir nicht kennen, nicht seine fouls, frei- und strafstöße, abseitspositionen.

mit dem wort liebe schießen. mit gedichten übrig bleiben.

himmlischen beistand findest du in der stillgelegten zapfsäule der autobahnkapelle hamm-rhynern.

bevor nicht irgendjemand irgendetwas irgendwann für mich tut, werde ich nicht irgendetwas irgendwann für irgendjemanden tun.

so läuft das.

pflichtteilverzichtserklärung. bestattungsvorsorge. dauer-
grabpflege.

das gedicht ist ein schnurloses endgerät.

du kannst nicht entkommen.

2)

am dreizehnten feiere ich meinen achtzigsten geburts-
tag. bitte ein dickes kreuz im kalender machen.

das dreisterne gourmetrestaurant haben wir gefunden
aber wo steckt der koch.

der konfektionär mit fellkragen vom landschaf sucht
seine scheinbörse aus pferdeleder,
zwiegenäht, mittelschwere ware.

der großraumtaxifahrer kutschiert einen
bordsteinreporter und einen tresenphilosophen
durchs armeschluckerberlin.

internationale presse. weltaufmerksamkeitsökonomie.

das günstige buch, der günstige zug, der günstige baum,
das günstige hemd, das günstige haus,
die anhaltend besorgniserregende lage.

zwanziguhrfünfzehn. der neue tag. zernachrichtet.

scheinangst, scheinasylant, scheinwerfer, scheinpolizei,
scheinherbst, scheinalpen, scheinseezunge, scheinpia-
nist, scheinstaubsauger, cleandiesel.

der blick von der tierschutzverordnung über das brutto-
inlandsprodukt auf die tatsächliche aufenthaltsdauer des
asylbewerbers in einer erstaufnahmeeinrichtung.

der blick der republik.

totale zahlen.

da geht noch was.

mode, sportwagen, luxusuhren, ferrari, lamborghini,
hermes, patek, rolex, chanel:
dass da einfach nichts ist, indem da möglichst viel ist.

abfallwirtschaftskreislaufsektor.

braunkohle oder baumkrone.

3)

bildungspolitiker sprechen mit bildungspolitikern über
bildungspolitik.

didacta in zwanzig podiumsrunden. sechs inklusionsexperten am telefon.

entspräche das seminarspezifische leistungskonzept
dem lehrerinnenbild, würden wir vor
empörung ein paar kaninchen auf den grill werfen.

der bundesweite einsatz der verkehrsampelfrau lasse zu wünschen übrig.
schließlich habe die ampelfrau mit ihrem zopf und dem kleid eine deutlich größere leuchtfläche.

schneewittchen und eisenhans im spannungsfeld von
standard- handlungs- und praxissituationen.

shakespeares dramen an einem tag.

sonnet stoppt panzer.

das gedicht handelt vor allem von nichts.

restoptimierbarkeit.
die analyse der auswertungsanleitungen für eine
evaluation.

7328 leistungspunkte.

dietmar dath sagt, marc degens sei der kafkaisch-joyceanische strindberg der generation x für beckett leser, die gerne comiclesend fernsehen.

ich lese nur noch auf dem flachbildschirm.

4)

jede familiengeschichte ist eine geistergeschichte.
immer sind alle da.

sein gesicht wahren können.
sein gesicht besser wahren können.
sein gesicht besser wahren können als alle anderen.

die gäste sind jetzt weg. kommt der füller ins museum.

zettelkastenkönige sterben aus.

anleger sind auch menschen.

zunehmend allumfassende denkraumausleuchtung.

die spiegel gegeneinander halten.

fkk im gesicht.

einfach von außen auf die beschädigte stelle kleben.

plastiktütenallein.

der blick eines kaugummikugelautomaten.

der frustrationstoleranzanzeiger in den gesichtern der wartenden.

kraftfahrzeugselbstverortung.

drängler drängeln drängler.

alle da abholen, wo sie stehen.

samstag, sonntag, montag, dienstag, der neue tag.
wo sollen wir auch hin.

5)

frauenzeitschriftenfrauen.

tintenhurerei.

dieses gesicht ist ein rettungsboot.

klingt nach kafka.

zugegebenermaßen nichts fürs protokoll.

schlaumeiergeschichtenbücher. elefantenrüsselverlängerung. schokoladenfingerwaschmittel.
allersüßlichste austüftelungen unerbittlicher gescheitertheit.

poesieverstehen ist ein revolver im anschlag.

die welt ist ein O.

die neuen ausmalhefte sind da.

der neue tag ist alternativlos.

vorbei. ist vorbei. ist schon vorbei.

6)

der erste schnee. der erste kuss.

alle ratgeber im ratgebertest.

wahrheit entsteht durch wiederholung.

die richtige in der falschen besetzung.

wir akzeptieren uns wie du bist.

es sei denn.
der mensch findet sich im und.

das wild wild web.
die fakten ignorieren aufgrund der fakten.

der wahrheit einen mundschutz aus poesie überziehen.

auf die kosten kommen. für die kosten aufkommen.

dosiert feiern.

obdachlosenbetroffenheitswogen.

gott und konsorten.

die umarmung einer schwerbehindertenvertrauensperson.

wo kann man hier eine nummer ziehen.

Inhalt

Spätdienstprotokolle (1)   5

was es ist (1)   18
abendspaziergang   21
bei regen   22
die stadt ist ein herz in meinem kopf   23
portrait einer straße   24
die stadt ist mein haus   25
die hügel von lützenkirchen   26
standbild   27
kölnwetter   28
kastanienallee   29
die flora schläft. es schlafen die arkaden   30

Spätdienstprotokolle (2)   31

was es ist (2)   45
demoklima   47
gute partie   48
musthaves   49
public viewing   50
passagen (1)   51
passagen (2)   52
was es ist   53

Spätdienstprotokolle (3)   55

was es ist (3)   73
hotelgäste bewerten hotelgäste   75
am untersuchungstag blüht die tulpenmagnolie   76
müde lagert der seminardidaktische imperativ   77
manche sprachen. manche sprachen im gegenzug   78

montag achtuhrzehn. der tag beginnt	79
nicht der lehrerdiagnosebogen	80
kompetenzorientierungskompetenz	81
laut einer studie	82
zum abschreiben	83
persönlichkeiten	84
gesetztenfalls du erhältst den frühlingsrabatt auf den neuen gartengrill.	85
kleines anthropologisches kompendium	86
letzte fragen	87
kleines poetologisches kompendium	88
Spätdienstprotokolle (4)	**89**
wo kann man hier eine nummer ziehen	**97**